无障碍阅读 精美插图 名师点评

U1019304

【中国青少年必读名著】

幼学琼林

[明] 程登吉◎著　焦庆锋◎编

彩色美绘版

中国青少年必读名著 教育部 推荐 第一阅读

黄河出版传媒集团
宁夏人民出版社

图书在版编目（CIP）数据

幼学琼林 /（明）程登吉著；焦庆锋编．— 银川：宁夏人民出版社，2015.11

（中国青少年必读名著）

ISBN 978-7-227-06164-9

Ⅰ.①幼… Ⅱ.①程… ②焦… Ⅲ.①古汉语－启蒙读物 Ⅳ.①H194.1

中国版本图书馆 CIP 数据核字（2015）第 292068 号

中国青少年必读名著

幼学琼林　　［明］程登吉　著　焦庆锋　编

责任编辑　管世献
封面设计　焦庆锋
责任印制　肖　艳

黄河出版传媒集团
宁夏人民出版社　出版发行

地　　址　银川市北京东路 139 号出版大厦（750001）
网　　址　http://www. yrpubm.com
网上书店　http://www.hh-book.com
电子信箱　renminshe@yrpubm.com
邮购电话　0951-5052104
经　　销　全国新华书店
印刷装订　三河市恒彩印务有限公司
印刷委托书号　（宁）0001316

开　　本　640mm × 920mm　1/16
印　　张　12
字　　数　160 千字
印　　数　6000 册
版　　次　2015 年 12 月第 1 版
印　　次　2015 年 12 月第 1 次印刷
书　　号　ISBN 978-7-227-06164-9/H・93

定　　价　19.80 元

前言

世界名著是人类文化艺术发展道路上的丰碑，它以生生不息的思想力量、经久不衰的语言魅力深深打动着一代又一代的读者。对于青少年而言，大量阅读文学名著，是行之有效的阅读行为。文学名著凭借超拔的构思、动人的故事、隽永的语言，实现了文学大家对自然与人类社会不凡的理解和想象。沉浸其中，会让你成为一个对事物有通达理解的人，一个个性健康、感情充沛、志趣高尚的人。总而言之，读名著对你的智商与情商的提高都有莫大的好处。

为了系统地向广大青少年传递世界名著精华，我们精心组织编写了这套《中国青少年必读名著》。我们从浩瀚的知识海洋中，撷取精华，汇聚经典，将最受世界青少年青睐的作品奉献给大家。该系列丛书会给读者朋友们打开一扇心灵的窗户，让读者朋友们在知识的天地里遨游和畅想，为青少年朋友们搭建一架智慧的天梯，让我们在知识时空中探幽寻秘。本套丛书内容健康、有益，紧扣中学生语文课标，集经典性、知识性、实用性、趣味性于一体。我们精选的这些名著都是经历了历史与时间的检验，是公认为最具有杰出思想内涵或文学艺术品位的名著，是一份让广大青少年朋友品味人类知识精华的大餐。

由于编纂时间仓促，加之编者水平有限，编写过程中难免出现纰漏，还望广大读者批评指正。

阅读导航

原文

原著经典再现，古代文言文讲究言简意赅、字字珠玑，让读者细细品味，领略中国文化精髓。

天　文

原文

混沌初开，乾坤始奠[1]。气之轻清上浮者为天，气之重浊下凝者为地[2]。日月五星，谓之七政；天地与人，谓之三才[3]。日为众阳之宗，月乃太阴之象[4]。虹名螮蝀，乃天地之淫气；月里蟾蜍[5]，是月魄之精光。风欲起而石燕飞，天将雨而商羊舞[6]。旋风名为羊角，闪电号曰雷鞭[7]。青女乃霜之神，素娥即月之号[8]。雷部至捷之鬼曰律令，雷部推车之女曰阿香[9]。云师系是丰隆，雪神乃是滕六[10]。欻火、谢仙，俱掌雷火；飞廉、箕伯，悉是风神[11]。列缺乃电之神，望舒是月之御[12]。甘霖、甘澍，俱指时雨；玄穹、彼苍[13]，悉称上天。雪花飞六出，先兆丰年；日上已三竿，乃云时晏[14]。蜀犬吠日，比人所见甚稀；吴牛喘月[15]，笑人畏惧过甚。望切者，若云霓之望；恩深者，如雨露之恩[16]。参商二星，其出没不相见；牛女两宿，惟七夕一相逢[17]。后羿妻，奔月宫而为嫦娥；傅说死，其精神托于箕尾[18]。披星戴月，谓早夜之奔驰；沐雨栉风，谓风尘之劳苦[19]。事非有意，譬如云出无心；恩可遍施，乃曰阳春有脚[20]。馈物致敬，曰敢效献曝之忱[21]；

托人转移，曰全赖回天之力。感救死之恩，曰再造；诵再生之德，曰二天[22]。势易尽者若冰山，事相悬者如天壤[23]。晨星谓贤人寥落，雷同谓言语相符[24]。心多过虑，何异杞人忧天；事不量力，不殊夸父追日[25]。如夏日之可畏，是谓赵盾；如冬日之可爱，是谓赵衰[26]。齐妇含冤，三年不雨；邹衍下狱[27]，六月飞霜。父仇不共戴天，子道须当爱日[28]。盛世黎民，嬉游于光天化日之下；太平天子，上召夫景星庆云之祥[29]。夏时大禹在位，上天雨金；《春秋》《孝经》既成，赤虹化玉[30]。箕好风，毕好雨[31]，比庶人愿欲不同；风从虎，云从龙，比君臣会合不偶。雨旸时若，系是休征；天地交泰，斯称盛世。

注释

①混沌：指天地未形成之前的元气状态。乾坤：指天地。

②气：指元气。凝：结也。

③五星：指金、木、水、火、土五星，五星加上日月合为七政。三才：三种有能力的事物。古人认为天能覆物，地能载物，而人是万物之灵，故称天地人为三才。

④宗：宗主，主宰。象：仪象。这句意思是说太阳是一切阳物的主宰，月亮是一切阴物的形象。

⑤䗖蝀：虹的别名。月里蟾蜍：传说后羿求不死之药于西王母，其妻嫦娥窃而食之，奔月宫，遂化为蟾蜍。

⑥石燕：传说零陵山有一种石头燕子，遇到风雨时成群飞起，雨止而复变为石头。商羊：鸟名，传说只有一足。

⑦旋风：屈曲上行之风，别名为羊角。雷鞭：闪电的别名。《淮南子》：“雷以电为鞭，电光照处，谓之列缺。”

注释

还原每一个生僻字词的原意，方便读者真正深入学习古文的精华。

阅读导航

目录

MULU

卷一

卷二

卷三

目录
MULU

卷四

卷一

天　文

原文

混沌初开，乾坤始奠①。气之轻清上浮者为天，气之重浊下凝者为地②。日月五星，谓之七政；天地与人，谓之三才③。日为众阳之宗，月乃太阴之象④。虹名螮蝀，乃天地之淫气；月里蟾蜍⑤，是月魄之精光。风欲起而石燕飞，天将雨而商羊舞⑥。旋风名为羊角，闪电号曰雷鞭⑦。青女乃霜之神，素娥即月之号⑧。雷部至捷之鬼曰律令，雷部推车之女曰阿香⑨。云师系是丰隆，雪神乃是滕六⑩。欻火、谢仙，俱掌雷火；飞廉、箕伯，悉是风神⑪。列缺乃电之神，望舒是月之御⑫。甘霖、甘澍，俱指时雨；玄穹、彼苍⑬，悉称上天。雪花飞六出，先兆丰年；日上已三竿，乃云时晏⑭。蜀犬吠日，比人所见甚稀；吴牛喘月⑮，笑人畏惧过甚。望切者，若云霓之望；恩深者，如雨露之恩⑯。参商二星，其出没不相见；牛女两宿，惟七夕一相逢⑰。后羿妻，奔月宫而为嫦娥；傅说死，其精神托于箕尾⑱。披星戴月，谓早夜之奔驰；沐雨栉风，谓风尘之劳苦⑲。事非有意，譬如云出无心；恩可遍施，乃曰阳春有脚⑳。馈物致敬，曰敢效献曝之忱㉑；

托人转移，曰全赖回天之力。感救死之恩，曰再造；诵再生之德，曰二天[22]。势易尽者若冰山，事相悬者如天壤[23]。晨星谓贤人寥落，雷同谓言语相符[24]。心多过虑，何异杞人忧天；事不量力，不殊夸父追日[25]。如夏日之可畏，是谓赵盾；如冬日之可爱，是谓赵衰[26]。齐妇含冤，三年不雨；邹衍下狱[27]，六月飞霜。父仇不共戴天，子道须当爱日[28]。盛世黎民，嬉游于光天化日之下；太平天子，上召夫景星庆云之祥[29]。夏时大禹在位，上天雨金；《春秋》《孝经》既成，赤虹化玉[30]。箕好风，毕好雨[31]，比庶人愿欲不同；风从虎，云从龙，比君臣会合不偶。雨旸时若，系是休征；天地交泰，斯称盛世。

注释

①混沌：指天地未形成之前的元气状态。乾坤：指天地。

②气：指元气。凝：结也。

③五星：指金、木、水、火、土五星，五星加上日月合为七政。三才：三种有能力的事物。古人认为天能覆物，地能载物，而人是万物之灵，故称天地人为三才。

④宗：宗主，主宰。象：仪象。这句意思是说太阳是一切阳物的主宰，月亮是一切阴物的形象。

⑤䗖蝀：虹的别名。月里蟾蜍：传说后羿求不死之药于西王母，其妻嫦娥窃而食之，奔月宫，遂化为蟾蜍。

⑥石燕：传说零陵山有一种石头燕子，遇到风雨时成群飞起，雨止而复变为石头。商羊：鸟名，传说只有一足。

⑦旋风：屈曲上行之风，别名为羊角。雷鞭：闪电的别名。《淮南子》：“雷以电为鞭，电光照处，谓之列缺。”

⑧素娥：嫦娥。

⑨律令、阿香：鬼的名字，律令是雷部里跑得最快的鬼，《搜神记》：“律令，周穆王时人，善走，死为雷部之鬼。”阿香是雷部推车的鬼。

⑩丰隆：主管云的法师。滕六：主管雪的神。

⑪欻火：鬼的名字，都是雷部掌管火之鬼。欻，雷火之作，因风而起，故雷部之鬼称为欻火。飞廉、箕伯：都是风神。传说飞廉是神禽，能致风，鹿身，头如雀，有角，蛇尾豹纹。《文苑》载：“风伯名方道彰，一曰即箕星也。”

⑫列缺：闪电之神。《淮南子》：“雷以电为鞭，电光照处，谓之列缺。”望舒：为月亮驾车的神。《淮南子》：“月御曰望舒。”

⑬时雨：应时之雨。《尔雅》：“久旱而雨曰甘霖，久雨不止曰愁霖，时雨澍生万物曰甘澍。”玄穹、彼苍：都是指天。玄，黑色；苍，青色。

⑭六出：空中水汽受强寒结成六角形晶体而下坠，故说雪花飞六出。时晏：时候不早。

⑮蜀犬吠日：蜀地高山雾大，见日时少，每至日出，则群犬疑而吠之。吴牛喘月：吴地的水牛极畏热，见到月亮疑是太阳，所以气急而喘。

⑯云霓：云是云彩，霓是彩虹。云兴而雨至，霓见而雨止，所以久旱不雨的时候，人们渴望见到云彩，但担心彩虹出现。雨露：古人认为夜气之露是上天降下的祥瑞，故云受恩深为如雨露之恩。

⑰参商：星空中的两个星座，由于在天体中的位置不一

样，当一个出现时，另一个就落下去，总不能同时看到。传说它们是古代高辛氏的两个儿子，因二人争斗不已，被安排在两个不能相见的位置上。牛女两宿：指天空的牵牛星和织女星，传说他们是夫妻，每年七月初七晚上，有喜鹊在银河上搭桥，让他们相会。

⑱傅说：商朝的大臣。箕尾：两个星宿名。传说傅说死后精神寄托在箕、尾两个星宿之间。

⑲沐雨：雨水淋洗头。栉风：风梳其髻。风尘：路途。

⑳阳春有脚：唐代宋璟爱护百姓，人们称赞他是有脚阳春，形容他走到哪里，就把春天带到哪里。

㉑献曝：古代有个农民冬天晒太阳觉得十分舒服，他认为这是个新发现，就去献给国君请赏。比喻礼物虽不好，但态度很诚恳。

㉒二天：比喻头上有两个天作主。

㉓冰山：太阳出来，冰山就会融化，比喻势力已到了末数。天壤：壤，地。事情悬者如天壤，意为事情相悬绝，如天与地相隔之远。

㉔雷同：人言而附和之曰雷同，如雷发声，物无不同时应者。

㉕夸父追日：传说夸父想追赶太阳，追到半途就渴死了。

㉖赵盾、赵衰：晋国大夫赵盾，是赵衰的儿子。有人评价他们父子说："赵衰像冬天的太阳那样可爱，赵盾像夏天的太阳那样可怕"。

㉗齐妇含冤：齐地孝妇窦氏被诬谋杀婆婆，太守处死了她，东海因此三年大旱不雨，后来新太守发现冤情，为她平

反，大雨也跟着下起来。邹衍：战国时人，燕惠王因听信谗言把邹衍抓进监狱，邹衍受冤枉而仰天大哭，时值六月，忽然下起了大雪。

㉘爱日：意为子女侍奉父母的时光有限，做子女的应该珍惜时光。

㉙景星：一名德星，君王政教无私，景星就会出现。庆云：五色彩云。

㉚雨金：《史记》记载，大禹治水成功后，当时天雨金三日，又雨稻三日三夜。赤虹化玉：孔子完成《孝经》后，赤虹从天而降化为黄玉，长三尺，上有刻文，孔子跪而受之。

㉛箕、毕：天上的两座星宿。古人认为它们一个与风对应，一个与雨对应，正象征人们的愿望各不相同。

地舆

原文

黄帝画野[1]，始分都邑；夏禹治水，初奠山川。宇宙之江山不改[2]，古今之称谓各殊。北京原属幽燕，金台是其异号；南京原为建业，金陵又是别名。浙江是武林之区，原为越国；江西是豫章之地，又曰吴皋。福建省属闽中，湖广地名三楚[3]。东鲁西鲁，即山东山西之分；东粤西粤，乃广东广西之域。河南在华夏之中，故曰中州；陕西即长安之地，原为秦境。四川为西蜀，云南为古滇。贵州省近蛮方，自古名为黔地。东岳泰山，西岳华山，南岳衡山，北岳恒山，中岳嵩山，此为天下之五岳；饶州之鄱阳，岳州之青草，润州之丹阳，鄂州之洞庭，苏州之太湖，此为天下之五湖[④]。金城汤池，谓城池之巩固；砺山带河[⑤]，乃封建之誓盟。帝都曰京师，故乡曰梓里[⑥]。蓬莱弱水，惟飞仙可渡；方壶圆峤[⑦]，乃仙子所居。沧海桑田，谓世事之多变；河清海晏[⑧]，兆天下之升平。水神曰冯夷，又曰阳侯；火神曰祝融[⑨]，又曰回禄。海神曰海若，海眼曰尾闾[⑩]。望人包容，曰海涵；谢人恩泽，曰河润[⑪]。无系累者，曰江湖散人；负豪气者，曰湖海之士[⑫]。问舍求田[⑬]，原无大志；掀天揭地，方是奇才。凭空起事，谓之平地风波；独立不移，谓之中流砥柱[⑭]。黑子弹丸[⑮]，漫言至小之邑；咽喉右臂，皆言要害之区。独立难持，曰一木焉能支大厦；英雄自恃，曰丸泥亦可封函关。事先败而后成，曰失之东隅，收之桑榆；事将成而终止，曰为山九仞，功亏一篑[⑯]。以蠡测海，喻人之见小；精卫衔石[⑰]，比人之徒劳。跋涉谓行路艰难，康庄谓道路平坦[⑱]。硗地曰不毛之地，美田曰膏腴之田[⑲]。得物无所用，曰如获石田；为学已大成，曰诞登道岸[⑳]。淄渑之滋味可辨，泾渭之清浊当分[㉑]。泌水乐饥，隐居不仕；东山高卧，谢职求安[㉒]。圣人出则黄河清，太守廉则越石见[㉓]。美俗曰仁里，恶俗曰互乡[㉔]。里名胜母，曾子不入；邑号朝歌，墨翟回车[㉕]。击壤而歌，尧帝黎民之自得；

让畔而耕[26]，文王百姓之相推。费长房有缩地之方，秦始皇有鞭石之法[27]。尧有九年之水患，汤有七年之旱灾。商鞅不仁而阡陌开，夏桀无道而伊洛竭[28]。道不拾遗，由在上有善政；海不扬波，知中国有圣人[29]。

注释

①黄帝画野：黄帝是中华民族的始祖，相传他最早将中国划分为若干区域。

②宇宙：上下四方为宇，古往今来为宙。

③三楚：即东楚、西楚、南楚，湖广地区别号三楚。

④五湖：这时所说的五湖，鄱阳湖、洞庭湖、太湖，仍存在。青草湖已与洞庭湖连在一起，丹阳湖逐渐淤塞。

⑤金城汤池：城坚如金，池热如开水。砺山带河：汉高祖刘邦封功臣，明誓说："黄河如带，泰山如砺，国以永宁，爱及苗裔。"砺：磨刀石。带：衣带。

⑥梓里：古人在房前屋后种植桑树或梓树，后来就用桑梓或梓里代指家乡。

⑦蓬莱、方壶、圆峤：传说东海中的仙山。

⑧河清海晏：黄河变清，大海平静，比喻天下太平。河：古代特指黄河。晏：安宁。

⑨冯夷：传说是轩辕之子，死后为水神。又天帝署其为河伯，故称阳侯。祝融：伏羲时有祝融氏，以火为纪，名赤帝。

⑩海眼：《十洲记》记载，海中叫尾闾的地方，有一块石头方圆四万里，海水全部从下面流走。

⑪河润：黄河水可以滋润周围广大的地区，所以受人恩

泽称为河润。

⑫江湖散人：唐代陆龟蒙常乘小船，载着书、茶灶、笔、床、钓具，往来烟波之上，号曰“江湖散人”。湖海之士：汉代陈登，狂傲有豪气，被许汜称为“湖海之士”。

⑬问舍求田：问安居之宅，求腴美之田，故胸无大志。

⑭砥柱：黄河三门峡中的一座石山，立在黄河激流之中。以此比喻坚定不移，挽救危局的人。

⑮黑子：黑痣。弹丸：弹弓用的泥丸。

⑯东隅：东方，太阳升起的地方。桑榆：太阳落山后余光照在树上，因此用桑树和榆树表示日落的地方。为山九仞，功亏一篑：造一座九仞高的山，因为差一筐土而没有完成。仞，古代七尺为一仞，九仞形容很高。篑，盛土的筐。

⑰蠡：贝壳做的瓢。《东方朔传》有“以管窥天，以蠡测海”。精卫填海：《山海经》记载，传说炎帝的女儿，在东海游泳溺死，化为精卫鸟，经常衔西山的木石，想填平东海。

⑱跋涉：登山为跋，过河为涉。康庄：《尔雅》云：“五达谓之康，六达谓之庄。”

⑲硗：长不出庄稼的贫瘠土地。膏腴：膏是油脂，腴是肥肉。比喻田地肥沃。

⑳道岸：指学业、真理的彼岸。

㉑淄渑：指淄水、渑水，都流经山东。传说齐国易牙善烹调，能够分辨出淄水和渑水的滋味。泾渭：指泾水、渭水，都流经陕西。泾水清澈，渭水混浊，合流三百余里，水之清浊不杂。

㉒泌水：涌出的泉水。《诗经》有“泌之洋洋，可以乐饥”，

后来就用泌水乐饥比喻隐居。东山高卧：东晋谢安年轻时很有名，朝廷征召不至，在会稽之东山筑屋居住，人称他高卧东山。

㉓黄河清：古代传说黄河五百年变清一次，是因为有圣人出现。越石见：传说福州城东有越王石，平常隐没在云雾中，太守中贪婪的都不能见到它，只有五代宋时晋安太守虞愿公正廉明，越王石才出现。

㉔仁里：有仁厚风俗的乡里。互乡：交相为恶之乡。

㉕曾子：曾参，古代孝子。曾参到了胜母里，认为里名不孝，就没有进去。墨翟：古代哲学家，他来到朝歌城，认为名字不好，就驾车返回。

㉖让畔而耕：传说文王治理的地区，风俗仁义，耕田的人互相推让田界。畔，田界。

㉗缩地之方：《神仙传》中说，费长房向壶公学习道术，壶公问他想学什么，费长房说，要把全世界都看遍，壶公就给了他一根缩地鞭，想到哪里，就可用缩地鞭缩到眼前。鞭石之法：《三齐略》中说，秦始皇欲渡东海观日出，有神人鞭石作桥，石头行动不迅速，神人用鞭子抽得石头流血。

㉘阡陌开：商鞅废井田，开阡陌，秦国因此强大起来。阡陌，田地之间的道路和地界。伊洛竭：伊洛指伊水、洛水。传说夏朝最后一个君主夏桀无道，上天让伊水和洛水干枯来警告他。

㉙海不扬波：周成王时，交趾国的使者称赞周国说："天无烈风淫雨，海不扬波三年矣。意者中国其有圣人乎。"

岁时

原文

爆竹一声除旧，桃符万户更新[1]。履端，是初一元旦；人日，是初七灵辰[2]。元日献君以椒花颂，为祝遐龄；元日饮人以屠苏酒[3]，可除疠疫。新岁曰王春，去年曰客岁[4]。火树银花合，谓元宵灯火之辉煌；星桥铁锁开，谓元夕金吾之不禁[5]。二月朔为中和节，三月三为上巳辰[6]；冬至百六是清明，立春五戊为春社[7]。寒食节是清明前一日[8]，初伏日是夏至第三庚。四月乃是麦秋，端午却为蒲节[9]。六月六日，节名天贶[10]；五月五日，序号天中。端阳竞渡，吊屈原之溺水；重九登高[11]，效桓景之避灾。五戊鸡豚宴社，处处饮治聋之酒；七夕牛女渡河，家家穿乞巧之针[12]。中秋月朗，明皇亲游于月殿；九日风高，孟嘉帽落于龙山[13]。秦人岁终祭神曰腊，故至今以十二月为腊；始皇当年御讳曰政，故至今读正月为征[14]。东方之神曰太皞，乘震而司春，甲乙属木，木则旺于春，其色青，故春帝曰青帝；南方之神曰祝融，居离而司夏，丙丁属火，火则旺于夏，其色赤，故夏帝曰赤帝；西方之神曰蓐收，当兑而司秋，庚辛属金，金则旺于秋，其色白，故秋帝曰白帝；北方之神曰玄冥，乘坎而司冬，壬癸属水，水则旺于冬，其色黑，故冬帝曰黑帝；中央戊己属土，其色黄，故中央帝曰黄帝[15]。夏至一阴生，是以天时渐短；冬至一阳生，是以日晷初长[16]。冬至到而葭灰飞，立秋至而梧叶落[17]。上弦谓月圆其半，系初八、九；下弦谓月缺其半，系廿二、三。月光都尽谓之晦，三十日之名；月光复苏谓之朔，初一日之号；月与日对谓之望[18]，十五日之称。初一是死魄，初二旁死魄，初三哉生明，十六始生魄[19]。翌日、诘朝，皆言明日；谷旦、吉旦[20]，悉是良辰。片晌即谓片时，日曛乃云日暮[21]。畴昔、曩者，俱前日之谓；黎明、昧爽，皆将曙之时[22]。月有三浣：初旬十日为上浣，中旬十日为中浣，下旬十日为下浣。学足三余[23]：夜者日之余，冬者岁之余，雨者晴之余。以术愚人，曰朝三暮四[24]；为学求益，曰日就月将。焚膏继晷[25]，日夜辛勤；俾昼作夜，晨昏颠倒。自愧无成，曰虚延岁月；与人共语，曰少叙寒暄[26]。可憎者，人情冷暖；可厌者，世态炎凉[27]。周末无寒年，因东周之懦弱；秦亡无燠岁[28]，由嬴氏之凶残。泰阶星平曰泰平，时序调和曰玉烛[29]。岁歉曰饥馑之岁[30]，年丰曰大有之年。唐德宗之饥年，醉人为瑞；梁惠王之凶岁，野莩堪怜[31]。丰年玉，荒年谷，言人品之可珍；薪如桂，食如玉，言薪米之腾贵。春祈秋报，农夫之常规；夜寐夙兴[32]，吾人之勤事。韶华不再，吾辈须当惜阴；日月其除[33]，志士正宜待旦。

注释

①桃符：画在桃木板上的门神。古人认为桃木能驱鬼，故新年风俗都换桃符。

②履端：开端，指正月初一元旦。人日：传说天地初开时，第一日为鸡日，二日为狗日，三日为猪日，四日为羊日，五日为牛日，六日为马日，七日为人日，八日为谷日。其日晴，则主所生之物盛，其日阴，则有灾难。

③椒花颂：晋朝人刘臻的妻子陈氏，在元旦向皇帝献了一篇《椒花赋》，祝皇帝万寿无疆。遐龄：高龄、长寿。屠苏酒：唐代医圣孙思邈在除夕教人把药浸入井中，元旦那天取井水加入酒中，喝了可以使人不生疫病，这种酒即屠苏酒。这种做法流传下来，成为风俗。

④王春：春秋时，君王懦弱，孔子作《春秋》写道："元年春，王正月。"以示尊重君王。客岁：旧岁。

⑤金吾：汉代禁止夜行的官。古代通常在城中实行宵禁，这里星桥铁锁开，指元宵夜取消了宵禁。

⑥二月朔：二月初一。唐德宗时将这天定为中和节，人们在这天互相赠送瓜果百谷。上巳辰：三月上旬的巳日，称上巳，后来定为三月三日，仍称为上巳节。

⑦五戊、春社：戊是天干的第五位，五戊是立春后的第五个戊日；社是祭祀土地神的活动，春社即春天祭祀土地神。根据历法，立秋后五戊为秋社。

⑧寒食节：为纪念晋国介子推而设立。介子推帮助晋文公复国有功，但不愿做官，隐于山中，晋文公纵火烧山，想

逼他出来，但介子推抱树不出而被烧死。晋文公命令百姓每年在这一天禁火，故名寒食。

⑨麦秋：麦熟四月，故曰麦秋。蒲节：端午将菖蒲泡在酒中，饮之避瘟疫，故端午又称蒲节。

⑩天贶：贶，赏赐。宋哲宗元符四年六月初六，有人报告降下天书，故将这天定为天贶节。

⑪端阳竞渡：屈原在五月五日投汨罗江而死，楚国人造龙舟竞渡纪念他，后来传为风俗。重九登高：即九月九日登高。相传费长房对桓景说，九月九日，你家中有难，只有全家人插着茱萸登山饮菊花酒，才能避祸，桓景听从了他的话。晚上回家一看，家中鸡犬牛羊都死了。以后重九登高成为风俗。

⑫五戊：指春社和秋社。这天到处吃鸡吃肉喝酒，据说这天的酒喝了可以治耳聋。七夕：农历七月初七夜。这天是牛郎织女相会的日子，女孩子晚上在月亮底下穿针，求得一双灵巧的手。

⑬明皇：即唐玄宗，明皇中秋夜赏月，罗公远有道术，将手杖化为桥，引明皇到月宫一游，明皇觉得月宫的音乐很好听，就凭记忆谱写了一首《霓裳羽衣曲》。孟嘉：晋代人，桓温的参军，曾随桓温在重九登高，帽子吹落却没有感觉到，桓温叫人不要告诉他，良久命人交还给他，并命孙盛作文嘲笑孟嘉，孟嘉也作文应答，言辞非常得体。

⑭正月：秦始皇名政，秦避其讳，故读正月为征月。

⑮“东方……黄帝”：古人用阴阳五行来解释季节和方

位，将五行金（金、木、水、火、土）与方位（东、西、南、北、中）及季节（春、夏、秋、冬）相配，又和八卦及天干对应，他们的对应关系是：春，东方，天干中的甲乙，颜色中的青色，八卦中的震位，属于木；夏，南方，天干中的丙丁，颜色中的红色，八卦中的离位，属于火；秋，西方，天干中的庚辛，颜色中的白色，八卦中的兑位，属于金；冬，北方，天干中的壬癸，颜色中的黑色，八卦中的坎位，属于水；中央，天干中的戊己，颜色中的黄色，属于土。

⑯日晷：古代利用日影测量时间的计时器。晷，日影。

⑰葭灰飞：葭，芦苇。用芦苇灰测量冬至时刻，是古代一种测量方法。在用布幔密封的房间内，放好测量用的律管，在律管的两端堵上芦苇灰，等到冬至时刻，阳气就会生长，将灰吹得飞起来。梧叶落：传说有一种金井梧桐，立秋时至，则落一叶。

⑱望：月满之日，日在东方升起，月在西方落下，遥遥相望，故称望日。一般大月为十六日，小月为十五日。

⑲魄：月之质为魄，月之光为魂，初一无光，故曰死魄，十六稍亏光，故曰生魂。

⑳翌日、诘朝：都指明日。翌，明也；诘朝，平旦也。《左传》载：“诘朝相见。”谷旦、吉旦：都指好时辰。谷，善。《诗经》载：“谷旦于差。”

㉑日曛：太阳落山。曛，太阳落山的余光。

㉒曙：天将晓也。

㉓三浣：古代官员每十天发一次俸禄，休息一次，洗衣

洗澡，称为一浣。一月共三浣。三余：汉末的董遇很好学，对人说："学者应当利用三余，夜者日之余，冬者岁之余，雨者晴之余。"

㉔朝三暮四：宋国有一个养猴子的人，每天喂给猴子栗子，朝三暮四（早晨三个，晚上四个），猴子很不高兴，养猴人说："朝四暮三（早晨四个，晚上三个）。"猴子于是很高兴。

㉕焚膏继晷：指日夜辛劳。膏，点灯的油。

㉖寒暄：寒冷和温暖。指人见面时叙说天气寒暖之类的话。

㉗人情冷暖、世态炎凉：指世俗情态，都羡富嫌贫，趋附权势者，冷落贫贱者，十分可憎可厌。

㉘寒年：寒冷的年份。燠岁：暖热的年份。古人认为气候与政治有关，东周末年君王权势衰微，所以冬天也不寒冷，秦朝灭亡时没有温暖的年份，是因为秦始皇实行暴政。

㉙泰阶星：星座名，由六颗星组成，古人认为这些星分别代表天子、诸侯、卿大夫、士和庶人。泰阶星平正，天下就大治，称为泰平，后来写作太平；泰阶星斜则天下大乱。玉烛：古人认为烛龙之神主宰四季和白天黑夜，龙衔玉烛则时序调和。

㉚饥馑：谷不熟为饥，菜不熟为馑。饥馑指年成不好。

㉛醉人为瑞：唐德宗时闹饥荒，没有人酿酒，如果偶尔有一个人喝醉，大家都认为是祥瑞之兆。莩：饿死的人。

㉜夜寐夙兴：指夜睡早起，毫不懈怠。夙，早；寐，睡觉。

㉝韶华：春光。日月其除：日月不断流逝。除，去。

朝 廷

原文

三皇为皇，五帝为帝[①]。以德行仁者王，以力假仁者霸[②]。天子天下之主，诸侯一国之君[③]。官天下[④]，乃以位让贤；家天下，是以位传子。陛下，尊称天子；殿下，尊重宗藩[⑤]。皇帝即位曰龙飞，人臣觐君曰虎拜[⑥]。皇帝之言，谓之纶音[⑦]；皇后之命，乃称懿旨。椒房是皇后所居，枫宸乃人君所莅[⑧]。天子尊崇，故称元首；臣邻辅翼，故曰股肱[⑨]。龙之种，麟之角，俱誉宗藩；君之储，国之贰[⑩]，皆称太子。帝子爰立青宫，帝印乃是玉玺[⑪]。宗室之派，演于天潢；帝胄之谱，名为玉牒[⑫]。前星耀彩，共祝太子以千秋；嵩岳效灵[⑬]，三呼天子以万岁。神器大宝，皆言帝位；妃嫔媵嫱[⑭]，总是宫娥。姜后脱簪而待罪，世称哲后；马后练服以鸣俭[⑮]，共仰贤妃。唐放勋德配昊天，遂动华封之三祝；汉太子恩覃少海[⑯]，乃兴乐府之四歌。

注释

①三皇：指天皇、地皇、人皇。五帝：有多种说法，一般指伏羲、神农、黄帝、尧、舜。

②以力假仁者霸：借助武力推行仁义的称为霸主。

③诸侯：周代天下分为许多小诸侯国，国君称为诸侯。诸侯有公、侯、伯、子、男五等。

④官天下：尧、舜时实行禅让制度，由贤人继承君位，称为官天下，到禹时君位传给了儿子，称为家天下。据《湘山野录》载：宋真宗问李仲容，何谓官家？李仲容答道：五帝时官天下，三王时家天下，兼有五帝三王之德，故称为官家。

⑤宗藩：指与天子同姓的诸侯。

⑥觐：拜见。

⑦纶音：《礼记》："王言如丝，其出如纶。王言如纶，其出如綍。"

⑧椒房、枫宸：汉代在后宫墙上多以椒涂墙，用以取暖避恶气，故后宫称椒房；在帝王殿前多种植枫树，故帝王所居之处称为枫宸。

⑨元首：头脑。股肱：大腿和胳膊。

⑩储、贰：对太子的称呼。

⑪青宫：太子住的地方叫东宫，东方属青，所以又叫青宫。玺：玉刻的印。秦始皇开始用玉刻印作为皇帝的宝印。

⑫宗室之派，演于天潢：宗室的分支派别是从天池中发源的。演，长流；潢，水池。帝胄：帝王或贵族的后代。牒：册也。

⑬前星耀彩：古人认为三星中的中星是代表天子位，前星代表太子位，后星代表庶子位，所以前星放射出光芒被用来表示祝愿太子。嵩岳效灵：据史书记载，汉武帝登嵩山，

皇帝和身边的人都听到高呼万岁的声音出现三次，被认为是嵩山山神显灵。

⑭妃嫔媵嫱：都指宫女，嫔、嫱是女官，媵是随皇后陪嫁过来的女子。

⑮姜后：周宣王的皇后，据《列女传》记载，周宣王有一天起床很晚，姜后就摘下头簪请罪，对周宣王说："是我不对，使君王好色而忘德，失礼而晚起。"周宣王说："是我不对，不是夫人的罪过。"于是处理政务很是勤奋。马后：汉明帝的皇后。据《汉书》记载，马皇后穿素色衣服，饮食节俭，以作天下表率。

⑯唐放勋：指尧帝。尧帝到华山巡视，华山封人祝愿他多福多寿多男子，称为"华封三祝"，后来成为颂扬人的祝颂语。放勋，极大的功勋，对尧帝的赞颂之词，一说放勋是尧帝的名字。"汉太子"句：汉太子的恩泽达到四海，于是乐人谱写了四章颂歌。据《汉书》记载，汉明帝为太子时，乐人作了四章颂扬太子德行的歌：第一章为《日重光》，第二章为《月重轮》，第三章为《星重辉》，第四章为《海重润》。覃：达到，延及。

文臣

原文

帝王有出震向离之象，大臣有补天浴日之功[①]。三公上应三台，郎官上应列宿[②]。宰相位居台铉，吏部职掌铨衡[③]。吏部天官大冢宰[④]，户部地官大司徒，礼部春官大宗伯，兵部夏官大司马，刑部秋官大司寇，工部冬官大司空。都宪中丞，都御史之号；内翰学士，翰林院之称[⑤]。天使，誉称行人；司成，尊称祭酒[⑥]。称都堂曰大抚台，称巡按曰大柱史[⑦]。方伯、藩侯，左右布政之号；宪台、廉宪，提刑按察之称[⑧]。宗师称为大文衡，副使称为大宪副[⑨]。郡侯、邦伯，知府名尊；郡丞、贰侯[⑩]，同知誉美。郡宰、别驾，乃称通判；司理、廌史赞美推官[⑪]。刺史、州牧，乃知州之两号；廌史、台谏，即知县之尊称[⑫]。乡宦曰乡绅，农官曰田畯[⑬]。钧座、台座，皆称仕宦；帐下、麾下[⑭]，并美武官。秩官既分九品，命妇亦有七阶[⑮]。一品曰夫人，二品亦夫人，三品曰淑人，四品曰恭人，五品曰宜人，六品曰安人，七品曰孺人。妇人受封曰金花诰，状元报捷曰紫泥封[⑯]。唐玄宗以金瓯覆宰相之名，宋真宗以美珠箝谏臣之口[⑰]。金马玉堂，羡翰林之声价；朱幡皂盖[18]，仰郡守之威仪。台辅曰紫阁名公，知府曰黄堂太守[19]。府尹之禄二千石，太守之马五花骢[20]。代天巡狩，赞称巡按；指日高升[21]，预贺官僚。初到任曰下车，告致仕曰解组[22]。藩垣屏翰，方伯犹古诸侯之国；墨绶铜章，令尹即古子男之邦[23]。太监掌阉门之禁令，故曰阉宦；朝臣皆搢笏于绅间，故曰搢绅[24]。萧曹相汉高，曾为刀笔吏；汲黯相汉武，真是社稷臣[25]。召伯布文王之政，尝舍甘棠之下，后人思其遗爱，不忍伐其树；孔明有王佐之才[26]，尝隐草庐之中，先主慕其令名，乃三顾其庐。鱼头参政，鲁宗道秉性骨鲠；伴食宰相，卢怀慎居位无能[27]。王德用，人称黑王相公；赵清献[28]，世号铁面御史。汉刘宽责民，蒲鞭示辱；项仲山洁己[29]，饮马投钱。李善感直言不讳，竞称鸣凤朝阳；汉张纲弹劾无私[30]，直斥豺狼当道。民爱邓侯之政[31]，挽之不留；人言谢令之贪，推之不去。廉范守蜀郡[32]，民歌五袴；张堪守渔阳，麦穗两歧。鲁恭为中牟令，桑下有驯雉之异；郭伋为并州守[33]，儿童有竹马之迎。鲜于子骏，宁非一路福星；司马温公[34]，真是万家生佛。鸾凤不栖枳棘，羡仇香之为主簿；河阳遍种桃花，乃潘岳之为县官[35]。刘昆宰江陵，昔日反风灭火；龚遂守渤海[36]，令民卖刀买牛。此皆德政可歌，是以令名攸著。

注释

①“帝王”句：意思是帝王有出现在震位相见于离位的表象，大臣有补天浴日的功劳。震、离：按易经学说，震代表东方，离代表南方，帝王就像太阳一样从东方升起，在南

方照耀天下。补天：补上天的缺口。浴日：给太阳洗澡。

②三台：天上的三台星。古人认为天上的三台星对应人间的三公官职。三公：一般指太师、太保、太傅。郎官：帝王的侍从官。古人认为郎官对应天上的各个星辰。

③台铉：台指三台星，铉指举鼎用的器具。台铉指宰相，用来表示位置的重要。铨衡：度量工具。用来指吏部官员，比喻衡量人才。

④“吏部”句：吏部、户部、礼部、兵部、刑部、工部尚书称为大冢宰、大司徒、大宗伯、大司马、大司寇、大司空，又可按《周礼》中官职称为天官、地官、春官、夏官、秋官、冬官。

⑤都御史：明代监察机构御史台的长官。翰林院：翰林院学士是负责为皇帝起草文书的官员。

⑥行人：古代传达皇帝诏令的官员。祭酒：古代管理国子监学府的官员。

⑦大抚台：明代巡抚兼任都察院副都御史，故称大抚台。大柱史：称巡抚为大柱史，又称侍御、总马、执法大夫、绣衣使者。

⑧布政：掌管一省户政赋役的行政长官。按察：掌管一省的刑法事务。

⑨文衡：掌管一省教育的官员。宪副：按察史的副手。

⑩郡侯、邦伯：尊称知府。知府是一府的长官。秦灭诸侯，设置郡，郡有郡守，辖地相当于方伯诸侯。唐代改郡为州，改太守为刺史。郡丞、贰侯：都是指同知。同知是一府的副长官。

⑪通判：督粮长官，也称郡宰。通判跟随刺史巡视，另乘一辆车，故称别驾。推官：是府中理刑办案的官员。

⑫知州：主管一州的长官。知县：主管一县的长官。

⑬田畯：古代管农事、田法的官。

⑭帐下：帐，帷帐。大将行军，设置帷帐居住，故称为帐下。麾下：麾，旗帜。士卒进退，以麾指挥，故称麾下。

⑮秩官既分九品：古代官员分为九品。命妇：受诰命之妇。凡担任官职的人，他的母亲和妻子都可以接受诰命。

⑯金花诰：唐玄宗诰封群夫人，用金花罗纸书写，称为金花诰。紫泥封：唐代进士及第，用泥金帖书写报告喜讯，称为紫泥封。

⑰唐玄宗以金瓯覆宰相之名：唐玄宗将要任命宰相，写好名字用金盆盖住，正好太子进来，玄宗问太子："你认为谁能担任宰相呢？"太子回答："难道不是崔琳、卢从愿吗？"原来他们二人很有声望，所以太子能猜中。宋真宗以美珠箝谏臣之口：宋真宗想到泰山封禅，担心大臣王旦反对，就赐给王旦一尊酒，说："回家与妻儿共同享用。"王旦回家打开一看，里面装满了珍珠，知道是皇上叫他不要反对封禅的事，于是就再也不敢提出异议了。

⑱金马玉堂：汉代的宫门称为金马门，玉堂是翰林院的别名。朱幡皂盖：汉代郡守的仪仗有红色的旗幡和黑色的伞盖。

⑲台辅：指三公，又称为紫禁、紫阁。黄堂太守：古代太守的正堂用雌黄涂墙，所以称为黄堂。

⑳府尹：即京府之尹，汉代府尹每年俸禄二千石。五花骢：汉代太守乘坐五匹马拉的车。骢，青白色的马。

㉑指日高升：指可以扳着指头算出升迁之日。

㉒致仕：官员退休。组：系印的绳子，把官印解下来，就不再做官。

㉓墨绶铜章：墨绶，黑色的系印的带子。铜章，铜铸的官印。令尹：对县官的俗称，管理的地方相当于古代的子国和男国。

㉔阉官：被阉割的宦官。朝臣皆搢笏于绅间：朝廷的大臣都把笏插在衣带中间。笏，大臣们上朝时拿的狭长的板子；搢，插；绅，衣带。

㉕萧曹：指萧何、曹参，都是秦朝的刀笔吏，后来担任汉高祖的丞相。汲黯：汉武帝时大臣，常当面指出别人的过失，被誉为社稷之臣。社稷：指国家。

㉖召伯：指召公奭，周朝的大臣，被封于召，称为召伯。曾经住在甘棠树下，去世后人们思念他，写下《甘棠赋》。孔明：诸葛亮，字孔明。刘备曾三顾茅庐请他出山辅助。

㉗鲁宗道：宋代大臣，担任参知政事，刚强正直，遇事敢言，被誉为"鱼头参政"。鲁字为"鱼"头。卢怀慎：唐朝时与姚崇同时担任宰相，他认为自己的才能比不上姚崇，就把事务都推让给姚崇，人们议论他是伴食宰相。

㉘王德用：宋代人，他治军有方，即使是妇女也称他为"黑王相公"。赵清献：即赵汴，谥号"清献"。宋神宗时担任御史，弹劾不避权贵，铁面无私，人们称他为"铁面御史"。

㉙刘宽：汉代人，担任南阳太守，为人宽容，民众犯有过错，只用蒲草鞭子处罚，以示耻辱。项仲山：据《世说新语》记载，项仲山是安陵人，非常廉洁，每次要河边饮马，都要投钱三文。

㉚李善感：唐朝时担任监察御史，皇帝想封五岳，他力谏阻止。当时已二十多年没有人敢直言，人们听到他劝谏，认为是鸣叫的凤凰朝向太阳。张纲：汉代人，担任御史，被

皇帝派到外地巡视，张纲埋住车轮不出发，说："现在是豺狼当道，去抓什么狐狸。"于是上朝弹劾大将军梁冀兄弟的不法行为。

㉛邓侯：指邓攸，晋代时担任吴郡太守，离任时人们挽留不让他离去。他的前任姓谢的太守非常贪财，人们作歌唱道："邓侯留不住，谢令推不去。"

㉜廉范：汉朝人，担任蜀郡太守，鼓励百姓辛勤劳动致富，人们歌唱道："过去没有衣穿，现在有五条裤子。"袴，裤子。张堪：汉朝人，担任渔阳太守，劝百姓辛勤劳作致富，百姓歌唱道："桑树上没有多余的枝条，麦子上长出两个穗。"

㉝鲁恭：汉代人，担任中牟令，实行仁政，桑树下的雉鸡都很驯服，连小孩都知道雉鸡要抚养幼雉鸡而不去捕捉它们。郭伋：汉代人，担任并州太守，广布恩德，他出行时，数百名儿童骑着竹马在道旁迎接他。

㉞鲜于子骏：宋代人，担任京中转运使，司马光赞扬他是"一路福星"。司马温公：司马光，宋代人，曾担任宰相，被封为温国公，恩德遍布，被誉为"万家生佛"。

㉟仇香：汉代人，曾担任县里的主簿，很有才能。县令王涣说："鸾凤不应落在枳棘丛中。"就送他入太学，仇香于是名声大振。潘岳：晋代人，担任河阳尹，百姓有负债还不上的，就命令种一株桃树，由官府代他还债，潘岳离任时，县里都种满了桃树，开满了桃花，被誉为花县。

㊱刘昆：汉代人，担任江陵令时，发生了火灾，刘昆对着火叩头，风转过头来将火扑灭。龚遂：汉代人，担任渤海郡守，当时闹饥荒，群盗蜂起，龚遂传令不要追捕盗贼，于是盗贼都带着刀剑来迎接他，他乘机劝他们卖刀买牛，全力耕作。

武职

原文

韩柳欧苏，固文人之最著；起翦颇牧[①]，乃武将之多奇。范仲淹胸中具数万甲兵，楚项羽江东有八千子弟[②]。孙膑吴起，将略堪夸；穰苴尉缭[③]，兵机莫测。姜太公有《六韬》，黄石公有《三略》[④]。韩信将兵，多多益善；毛遂讥众[⑤]，碌碌无奇。大将曰干城，武士曰武弁[⑥]；都督称为大镇国，总兵称为大总戎。都阃即是都司，参戎即是参将；千户有户侯之仰，百户有百宰之称。以车为户曰辕门，显揭战功曰露布[⑦]。下杀上谓之弑[⑧]，上伐下谓之征。交锋为对垒，求和曰求成[⑨]。战胜而回，谓之凯旋；战败而走，谓之奔北[⑩]。为君泄恨，曰敌忾[⑪]；为国救难，曰勤王。胆破心寒，比敌人慑伏之状；风声鹤唳[⑫]，惊士卒败北之魂。汉冯异当论功[⑬]，独立大树下，不夸己绩；汉文帝尝劳军，亲幸细柳营，按辔徐行。苻坚自夸将广，投鞭可以断流；毛遂自荐才奇，处囊便当脱颖[⑭]。羞与哙等伍，韩信降作淮阴；无面见江东，项羽羞归故里[⑮]。韩信受胯下之辱，张良有进履之谦[⑯]。卫青为牧猪之奴，樊哙为屠狗之辈[⑰]。求士莫求全，毋以二卵弃干城之将[⑱]；用人如用木，毋以寸朽弃连抱之材。总之，君子之身，可大可小；丈夫之志，能屈能伸⑲。自古英雄，难以枚举；欲详将略，须读《武经》⑳。

注释

①韩柳欧苏：指唐代文学家韩愈、柳宗元，宋代文学家欧阳修、苏轼。起翦颇牧：指秦国大将白起、王翦，赵国大将廉颇、李牧。

②范仲淹：北宋时范仲淹任延州知州防御西夏，治军严整，西夏人称他“胸中有百万甲兵”。项羽：楚国人的后代，秦朝末年起兵，率领江东八千子弟渡江作战。

③孙膑：战国时齐国军事家，著《孙膑兵法》。吴起：战国时魏国军事家，善于带兵，著有《吴子兵法》。穰苴：战国时齐国军事家，著有《司马法》。尉缭：战国时魏国军事家，著有《尉缭子》。

④《六韬》：兵书，姜太公所著，六韬指文武龙虎豹犬。《三略》：兵书，相传也是姜太公所著，汉代的黄石公加以完善，传授给了张良。

⑤韩信将兵：汉高祖刘邦问韩信能带多少兵，韩信回答：“多多益善。”毛遂：战国时赵国平原君的门客。秦攻赵国，平原君要派二十名门客前往楚国求救，只挑出十九个，毛遂自荐为第二十个。到了楚国后，那十九人都没有想出劝楚王出兵的办法，只有毛遂按剑上前说服了楚王出兵。毛遂对那十九个人说：你们都是碌碌无为的人。

⑥干城：指防卫者。干，盾牌；城，城墙。武弁：弁，巾。

武士是士卒中的头目，犹如巾是戴在头上的衣服一样，故武士称武弁。

⑦辕门：用车围出的营门。古代君王出行扎营时，用两车车辕相对作门，称为辕门。露布：北魏时，每次作战胜利，就在旗上写下战功，名为露布。

⑧弑：下杀上，如臣杀君为弑。

⑨求成：求和。《左传》："楚武王侵随，使薳章求成焉。"

⑩奔北：战败而逃为奔北。

⑪忾：愤恨。

⑫慑伏：因畏惧而屈服。风声鹤唳：风的呼啸声和鹤的叫声。淝水之战中前秦的军队被打败，逃跑途中，听到风声与鹤的叫声，都以为是晋兵追来。

⑬冯异：东汉光武帝刘秀手下的大将。大将们都坐在一起评论功劳，唯独冯异立在大树下，因此被称为大树将军。

⑭投鞭可以断流：前秦苻坚南伐晋国前，吹嘘自己兵力有百万之众，投鞭于江，足以断流。结果被晋军击败。脱颖而出：毛遂向平原君自荐去楚国当说客，平原君说："人才就像锥子放在布袋中，锥尖马上可以看见，而先生在我这里三年，还没有听说过你做了什么事情。"毛遂说："如果让臣处于布袋中，将脱颖而出。"颖，针尖。

⑮韩信降作淮阴：韩信因为战功被封为楚王，刘邦见他威势太盛，降他为淮阴侯。一次他到樊哙那里，樊哙称臣，韩信素来看不起他，说："竟然与樊哙为伍啊。"项羽羞归故里：项羽兵败乌江后，乌江亭长请他渡江，项羽说："我与江

东八千子弟渡江作战，现在没有一人跟我回来，有何颜面见江东父老。”于是拔剑自刎。

⑯胯下之辱：韩信少年时喜欢佩剑，家乡中有无赖侮辱他说：“不怕死，就刺死我；怕死，就从胯下钻过。”韩信看了他很久，就从胯下钻过。后来韩信封王后还召那个无赖少年作了楚中尉。进履之谦：汉代张良从圯桥下走过，有一个老人把鞋掉到桥下，他对张良说：“年轻人给我把鞋捡上来。”张良给他捡上来，老人又说：“给我穿上。”张良跪在地上给老人穿上。老人说：“年轻人可以教育啊。”就传授给他一本书，说：“读了此书可以作帝王的老师。”

⑰卫青：汉武帝时大将，年少时曾牧猪，兄弟们把他当奴仆看待。樊哙：汉高祖刘邦手下的大将，年少时曾以屠狗为业。

⑱卵：鸡蛋。苘变作小吏时曾吃过老百姓两个鸡蛋，子思仍然向卫侯推荐他作大将，子思说：“用人如用木，不要因为有一寸朽木就抛弃需要几个人合抱的木材。”

⑲可大可小：老子说：“君子之身可大可小也。”能屈能伸：孟子说：“丈夫之志能屈能伸也。”

⑳《武经》：古代兵书的总经。

卷二

祖孙父子

原文

何谓五伦：君臣、父子、兄弟、夫妇、朋友。何谓九族：高、曾、祖、考、己身、子、孙、曾、玄[①]。始祖曰鼻祖，远孙曰耳孙[②]。父子创造，曰肯构肯堂[③]；父子俱贤，曰是父是子。祖称王父[④]，父曰严君。父母俱存，谓之椿萱并茂[⑤]；子孙发达，谓之兰桂腾芳。桥木高而仰，似父之道；梓木低而俯[⑥]，如子之卑。不痴不聋，不作阿家阿公[⑦]；得亲顺亲，方可为人为子。盖父愆，名为干蛊；育义子，乃曰螟蛉[⑧]。生子当如孙仲谋，曹操羡孙权之语；生子须如李亚子，朱温叹存勖之词[⑨]。菽水承欢[⑩]，贫士养亲之乐；义方是训，父亲教子之严。绍箕裘，子承父业；恢先绪[⑪]，子振家声。具庆下，父母俱存；重庆下[⑫]，祖父俱在。燕翼贻谋，乃称裕后之祖；克绳祖武，是称象贤之孙[⑬]。称人有令子，曰麟趾呈祥；称宦有贤郎，曰凤毛济美[⑭]。弑父自立，隋杨广之天性何存？杀子媚君，齐易牙之人心何在[⑮]？分甘以娱目，王羲之弄孙自乐；问安惟点颔[⑯]，郭子仪厥孙最多。和丸教子，仲郢母之贤；戏彩娱亲[⑰]，老莱子之孝。毛义捧檄，为亲之存；伯俞泣杖[⑱]，因母之老。

慈母望子，倚门倚闾[19]；游子思亲，陟岵陟屺。爱无差等，曰兄子如邻子；分有相同，曰吾翁即若翁[20]。长男为主器，令子可克家[21]。子光前曰充闾，子过父曰跨灶[22]。宁馨英畏，皆是羡人之儿；国器掌珠[23]，悉是称人之子。可爱者子孙之多，若螽斯之蛰蛰；堪羡者后人之盛，如瓜瓞之绵绵[24]。

注释

①五伦：人与人之间的五种关系。考：指（死去的）父亲。

②耳孙：离高祖很远，只是听说过，没有见过，所以叫耳孙。

③肯构肯堂：《诗经》中有“若考作室，既底法，厥子乃弗肯堂，矧肯构。”意为：父亲要筑房子，已设计好，儿子不肯打地基，更不肯构建房子。这里反其意用之，形容儿子能和父亲共创事业。

④王父：《尔雅》云：“父之考曰王父。”

⑤椿萱：《庄子》中说有一种椿树以八千岁为春，八千岁为秋，故称父椿庭。萱草称为忘忧草，古代妇女又常佩戴萱草以生男孩，故称母萱堂。

⑥桥木：即乔木，枝叶高大挺拔，比喻父亲。梓木：一种落叶亚乔木，枝叶低俯，比喻儿子。

⑦阿家阿公：指婆婆公公。家，读音为gū。

⑧盖父愆，名为干蛊：超过父亲，称为干蛊。《易经》中有“干父之蛊”意为儿子能干好父亲不能干好的事。愆，超过。育义子，乃曰螟蛉：收养的义子，称为螟蛉。蜾蠃（一种细腰蜂）常将螟蛉的幼虫捉去当食物，古代误以为蜾蠃是将

螟蛉虫收养为儿子。

⑨孙仲谋：孙权，字仲谋。曹操称赞孙权说："生子当如孙仲谋，像刘表的那些儿子，都是猪狗。"李亚子：李存勖，小名亚子，五代后唐的开国皇帝。朱温：梁太祖，曾感叹说："生子当如李亚子，我的儿子都是猪狗。"

⑩菽水承欢：吃着豆子喝着清水让父母欢乐。孔子说："吃着豆子喝着清水让父母尽其欢乐，这就是孝。"

⑪绍箕裘：比喻子承父业。《周礼》中说："善于冶铁的人的儿子，一定要学好做衣服；善于制弓的人的儿子，一定要学好编箕。"先绪：先人的产业。

⑫重庆下：指父母都在，皆可欢乐。如果母亡父在，称严侍下；父亡母在，称慈侍下；父母俱亡，称永感下。

⑬燕翼贻谋，乃称裕后之祖：燕翼贻谋，是给后代带来幸福的祖先。《诗经》中有"贻厥孙谋，以燕翼子"的话，意思是给子孙留下好计谋，使他们平安。克绳祖武，是称象贤之孙：克绳祖武，是称赞能够像先人一样贤德的子孙。《诗经》中有"绳其祖武"的话，意思是说继承祖先的足迹。

⑭凤毛：凤凰的毛，比喻珍贵。

⑮杨广：隋文帝的儿子，当时人们认为隋文帝是杨广杀死的。易牙：战国时齐国大臣，善于烹饪，他把自己的儿子杀了烹给齐桓公吃，从而得到重用。

⑯问安惟点颔：唐朝大将郭子仪的孙子有数十个，每次问安，郭子仪不能完全分辨，只是点头而已。

⑰和丸教子：唐朝柳仲郢的母亲用熊胆和丸，让他夜间

嚼食，培养他勤苦的品德。戏彩娱亲：古代孝子老莱子七十三岁时，为逗父母高兴，穿着五彩衣，学婴儿啼哭，假装跌倒。

⑱毛义捧檄：汉代人毛义，是大孝子，他接受檄书做官是为了养活母亲，母亲死后，他就不再做官。伯俞泣杖：汉代人伯俞，是大孝子，他有过错时，母亲拿棍子打他，他哭了起来，母亲问他以前为何不哭。伯俞回答说："以前打得很痛，知道母亲身体很健康，这次打得不痛，知道母亲没有力气，所以伤心。"

⑲倚门倚闾：指母亲盼望儿子归来。闾，巷子口。陟岵陟屺：指游子思念双亲。《诗经》中有"陟彼岵兮，瞻望父兮；陟彼屺兮，遥望母兮"，意思是登上有草木的山瞻望父亲，登上无草木的山瞻望母亲。

⑳吾翁即若翁：项羽抓住刘邦的父亲，要烹杀他，刘邦说："我和你同时受楚怀王之命，结为兄弟，我的父亲就是你的父亲。"

㉑主器：主要的祭器。令子可克家：好儿子可以承担起家中的事业。

㉒充闾：晋代贾充出生时，他父亲说："将来当有充满闾门的喜事。"于是给他起名为充，字公闾。跨灶：马前蹄空处曰灶，良马奔驰，后蹄印痕超过前蹄的痕，名跨灶。喻指儿子超过父亲。灶，马的足迹。

㉓英畏：英俊值得畏惧。国器：国家的栋梁。

㉔螽斯：蝗虫。蛰蛰：聚集。《诗经》中有《螽斯》篇，歌颂子女众多。瓞：小瓜。《诗经》："绵绵瓜瓞。"

兄弟

原文

天下无不是底父母[①]，世间最难得者兄弟。须贻同气之光[②]，无伤手足之雅。玉昆金友，羡兄弟之俱贤；伯埙仲篪[③]，谓声气之相应。兄弟既翕，谓之花萼相辉[④]；兄弟联芳，谓之棠棣竞秀。患难相顾，似鹡鸰之在原[⑤]；手足分离，如雁行之折翼。元芳、季方俱盛德，祖太丘称为难弟难兄；宋郊、宋祁俱中元，当时人号为大宋小宋[⑥]。荀氏兄弟，得八龙之佳誉；河东伯仲[⑦]，有三凤之美名。东征破斧，周公大义灭亲；遇贼争死[⑧]，赵孝以身代弟。煮豆燃萁，谓其相害；斗粟尺布[⑨]，讥其不容。兄弟阋墙[⑩]，谓兄弟之斗狠；天生羽翼，谓兄弟之相亲。姜家大被以同眠[⑪]，宋君灼艾而分痛。田氏分财，忽瘁庭前之荆树；夷齐让国，共采首阳之蕨薇[⑫]。虽曰安宁之日，不如友生[⑬]；其实凡今之人，莫如兄弟。

注释

①底：的。

②贻：给，借助。同气：指兄弟同属父母血气所生。

③伯埙仲篪：比喻兄弟和睦。《诗经》中有“伯氏吹埙，

仲氏吹篪”的诗句。埙、篪：都是乐器。

④花萼：花蒂。花萼和棠棣都比喻兄弟。

⑤鹡鸰：一种鸟。《诗经》中有：“鹡鸰在原，兄弟急难”。后来用鹡鸰代指兄弟。

⑥祖太丘称为难兄难弟：汉代人陈寔担任太丘令，大儿子叫元方，小儿子叫季方。元方的儿子和季方的儿子争论谁的父亲更优秀一些，去请陈寔裁决，陈寔说：“元方难为兄，季方难为弟。”意思是他们两人难以分出谁是兄谁是弟。大宋小宋：宋代人宋郊、宋祁兄弟二人同时考中进士，人称大宋小宋。

⑦荀氏兄弟：汉代人荀淑的八个儿子都很有才能，被称为荀氏八龙。河东伯仲：唐朝河东人薛攸和堂兄薛元敬、族兄薛德音都很有名，被称为河东三凤。

⑧东征破斧：《诗经》中有“既破我斧，又缺我斨”的诗句，赞颂周公东征砍坏了斧、砍坏了刀，大义灭亲，杀掉叛乱的弟弟管叔和蔡叔。遇贼争死：西汉末年赵礼被强盗抓住，强盗要把他杀死吃掉，他的哥哥赵孝争着代替弟弟去死，强盗为他们兄弟的义行所感动，把他们放了。

⑨煮豆燃萁：魏文帝曹丕想害弟弟曹植，命令他七步之内做诗一首，否则就杀死他。曹植立即吟道：“煮豆燃豆萁，豆在釜中泣。本是同根生，相煎何太急。”曹丕听后很受感动，就放过了他。斗粟尺布：汉文帝的弟弟谋反，被流放到蜀郡，绝食而死。老百姓唱道：“一尺布，尚可缝，一斗粟，尚可舂。兄弟二人不相容。”

⑩阋：争吵、争斗。

⑪姜家大被：汉代姜肱兄弟三人友爱，虽然各自娶妻，仍作大被睡在一起。宋君灼艾：宋太祖赵匡胤的弟弟病了，用艾叶烧灼皮肤治病，太祖也用艾叶烧灼自己的皮肤，为弟弟分担痛苦。

⑫田氏分财：《隋史》记载，田真、田广、田庆三兄弟商议分家，第二天发现院中荆树枯萎，于是决定不分家，荆树又重新发芽。夷齐让国，共采首阳之蕨薇：伯夷、叔齐，是孤竹君的儿子。孤竹君死后，伯夷、叔齐互相推让对方继承国君位，都逃走了。后来周朝灭掉商朝，他们发誓不吃周朝的粮食，隐居在首阳山中，采野菜吃，结果都饿死了。

⑬友生：《诗经》中有“丧乱既平，既安且宁。虽有兄弟，不如友生。”

夫妇

原文

孤阴则不生，独阳则不长，故天地配以阴阳；男以女为室，女以男为家①，故人生偶以夫妇。阴阳和而后雨泽降，夫妇和而后家道成。夫谓妻曰拙荆，又曰内子；妻称夫曰藁砧②，又曰良人。贺人娶妻，曰荣偕伉俪；留物与妻，曰归遗细君[③]。受室即是娶妻，纳宠谓人娶妾[④]。正妻谓之嫡[⑤]，众妾谓之庶。称人妻曰尊夫人，称人妾曰如夫人[⑥]。结发系是初婚，续弦乃是再娶[⑦]。妇人重婚曰再醮[⑧]，男子无偶曰鳏居。如鼓瑟琴，夫妻好合之谓；琴瑟[⑨]不调，夫妇反目之词。牝鸡司晨[⑩]，比妇人之主事；河东狮吼，讥男子之畏妻。杀妻求将，吴起何其忍心；蒸梨出妻[⑪]，曾子善全孝道。张敞为妻画眉，媚态可哂；董氏为夫封发[⑫]，贞节堪夸。冀郤缺夫妻[⑬]，相敬如宾；陈仲子夫妇，灌园食力。不弃糟糠，宋弘回光武之语；举案齐眉，梁鸿配孟光之贤[⑭]。苏蕙织回文，乐昌分破镜，是夫妇之生离；张瞻炊臼梦，庄子鼓盆歌[⑮]，是夫妇之死别。鲍宣之妻，提瓮出汲，雅得顺从之道；齐御之妻，窥御激夫[⑯]，可称内助之贤。可怪者买臣之妻，因贫求去，不思覆水难收；可丑者相如之妻，夤夜私奔，但识丝桐有意[⑰]。要知身修而后家齐，夫义自然妇顺。

注释

①室、家：古代夫妻之间互称。

②藁砧：妇女称丈夫的隐语。

③细君：指妻子。

④宠：爱。

⑤嫡：古代指正妻或正妻所生的儿子，与“庶”相对。

⑥如夫人：指妾。

⑦续弦：古代用断弦比喻丧妻，续弦指再娶。

⑧醮：古代举行婚礼时酌酒给人的一种仪式，后来指女

子嫁人。

⑨琴瑟：古代用琴瑟比喻夫妻。

⑩牝鸡司晨：母鸡早晨打鸣。牝，雌。

⑪杀妻求将：战国时齐国讨伐鲁国，鲁国想任用吴起为大将，但担心吴起的妻子是齐国人而犹豫不决，于是吴起杀掉自己的妻子以取得鲁国的信任。蒸梨出妻：曾参对后母极为孝顺，他的妻子给婆婆蒸梨不熟，曾参把妻子给休了。

⑫张敞：汉代人张敞曾给妻子画眉毛。董氏：唐朝人贾直言被贬岭南，他的妻子董氏守节不嫁人，将头发封包起来，二十年后贾直言回来，董氏的头发仍然封包如故，等到解开洗头，头发全部落下。

守耕图卷

⑬冀：古代指河北地区。郤缺：春秋时河北地区人，夫妻相敬如宾。陈仲子：战国时齐国人，听说楚王要请他做官，夫妇二人逃走，为人灌园，自食其力。

⑭宋弘：东汉人，光武帝刘秀想要宋弘抛弃妻子，改娶湖阳公主，宋弘回答："贫贱之交不可忘，糟糠之妻不下堂。"梁鸿、孟光：汉代人。孟光貌丑而黑，力气很大，三十岁还未嫁人，她父亲问她为什么，孟光回答，想嫁给像梁鸿那样节操高雅的人。梁鸿于是娶她为妻，她对梁鸿非常尊敬，每次吃饭都把托盘举得和眉毛一样高，请梁鸿先吃。

⑮苏蕙：晋朝人，曾织回文诗，寄给丈夫。乐昌：南朝陈灭亡时乐昌公主与丈夫徐德言将铜镜一分为二，各执一半，后来破镜重圆。张蟾：有一个商人叫张蟾，梦见用石臼做饭，就去请王生算卦，王生告诉他说，用石臼做饭，是没有妇（釜），张蟾回家一看，妻子果然死了。庄子鼓盆：庄子的妻子死了，庄子鼓盆而歌。

⑯鲍宣之妻：汉代人鲍宣的老师将女儿桓少君嫁给他，鲍宣说："我很贫贱，不敢当。"桓少君就穿上粗布衣服，出门去提水。瓮：瓦罐。汲：打水。齐御之妻，窥御激夫：齐国丞相晏子的车夫的妻子，看见丈夫洋洋自得，就激将他说："晏子高不过六尺，做齐国丞相，你身高八尺，做驾车的奴仆，是安于贫贱罢了。"车夫于是十分注意修身，后来受晏子推荐做了大夫。

⑰买臣之妻：汉代朱买臣的妻子因家贫而离去，后来见朱买臣做了太守，又要求复婚，朱买臣说："覆水难收。"相如之妻：汉代卓文君新寡，司马相如弹了一曲《凤求凰》向卓文君表达爱慕，于是两人一起私奔。夤夜：深夜。丝桐：指琴。

叔 侄

原文

曰诸父、曰亚父，皆叔父之辈；曰犹子、曰比儿[1]，俱侄儿之称。阿大中郎，道韫雅称叔父；吾家龙文，杨昱比美侄儿[2]。乌衣诸郎君，江东称王谢之子弟；吾家千里驹[3]，苻坚羡苻朗为侄儿。竹林叔侄之称，兰玉子侄之誉[4]。存侄弃儿，悲伯道之无后；视叔犹父[5]，羡公绰之居官。卢迈无儿，以侄而主身之后；张范遇贼[6]，以子而代侄之生。

注释

①亚：次。伯父、叔父，都称亚父。比：并。比儿，指侄儿。

②道韫：晋代谢安的侄女谢道韫。曾称他的叔父为阿大中郎。杨昱：北魏人，曾称赞他的侄儿杨愔为吾家龙文。

③王谢：晋代大族王导、谢安的子弟都住在乌衣巷，被称为“乌衣郎君”。千里驹：前秦皇帝苻坚曾夸奖他的侄儿苻朗为千里驹。

④竹林：晋代竹林七贤中阮咸、阮籍是叔侄，故称叔侄为贤竹林。兰玉：指芝兰、玉树。

⑤存侄弃儿：晋代邓伯道在战乱中丢了儿子救下侄儿。视叔犹父：唐朝柳公绰富贵之后对待叔父如对待亲父。

⑥卢迈：唐代人卢迈说：“兄弟的儿子就像自己的儿子

一样，可以照料将来。”张范：三国时魏国人，曾遇贼，请求用自己的儿子代替侄儿去死，结果强盗将他的儿子和侄儿都放了。

师 生

原文

马融设绛帐[①]，前授生徒，后列女乐；孔子居杏坛，贤人七十，弟子三千。称教馆曰设帐，又曰振铎[②]；谦教馆曰糊口，又曰舌耕。师曰西宾[③]，师席曰函丈；学曰家塾，学俸曰束修。桃李在公门，称人弟子之多；苜蓿长阑干[④]，奉师饮食之薄。冰生于水而寒于水，比学生过于先生；青出于蓝而胜于蓝[⑤]，谓弟子优于师傅。未得及门[⑥]，曰宫墙外望；称得秘授，曰衣钵真传。人称杨震为关西夫子，世称贺循为当世儒宗[⑦]。负笈千里，苏章从师之殷；立雪程门，游杨敬师之至[⑧]。弟子称师之善教，曰如坐春风之中；学业感师之造成，曰仰沾时雨之化[⑨]。

注释

①马融：东汉人。曾经设立帷帐，前面讲课，后面设立女乐。

②振铎：摇动铃铛。《尚书》中记载，古代每年春天派人

摇动铃铛一路上进行教化，故用振铎指教育。

③西宾：古代主人坐在东面，老师坐在西面，故称西宾。

④苜蓿：植物名。

⑤青出于蓝：《荀子》中有“青出于蓝而胜于蓝，冰生于水而寒于水。”

⑥未得及门：找不到入门的途径。《论语》：“夫子之墙数仞，不得其门而入。”

⑦杨震：东汉人，通晓经书。贺循：魏晋时人，很有学问。

⑧苏章：西汉人，曾不远千里求学。游杨：指宋代人游酢、杨时。

⑨时雨：指适合时令的雨水。

赤壁图

朋友宾主

原文

取善辅仁，皆资朋友；往来交际，迭为主宾[①]。尔我同心，曰金兰[②]；朋友相资，曰丽泽。东家曰东主，师傅曰西宾[③]。父所交游，尊为父执；己所共事，谓之同袍[④]。心志相孚为莫逆，老幼相交曰忘年[⑤]。刎颈交，相如与廉颇；总角好[⑥]，孙策与周瑜。胶漆相投，陈重之与雷义；鸡黍之约[⑦]，元伯之与巨卿。与善人交，如入芝兰之室，久而不闻其香；与恶人交，如入鲍鱼之肆[⑧]，久而不闻其臭。肝胆相照，斯为腹心之友；意气不孚[⑨]，谓之口头之交。彼此不合，谓之参商[⑩]；尔我相仇，如同冰炭。民之失德，干糇以愆[⑪]。他山之石，可以攻玉[⑫]。落月屋梁，相思颜色[⑬]；暮云春树，想望丰仪。王阳在位，贡禹弹冠以待荐；杜伯非罪，左儒宁死不循君[⑭]。分首判袂，叙别之辞；拥彗扫门[⑮]，迎迓之敬。陆凯折梅逢驿使，聊寄江南一枝春；王维折柳赠行人[⑯]，遂唱阳关三叠曲。频来无忌，乃云入幕之宾；不请自来，谓之不速之客[⑰]。醴酒不设，楚王戊待士之意怠；投辖于井[⑱]，汉陈遵留客之心诚。蔡邕倒屣以迎宾，周公握发而待士[⑲]。陈蕃器重徐稚，下榻相延；孔子道遇程生，倾盖而语[20]。伯牙绝弦失子期，更无知音之辈；管宁割席拒华歆[21]，谓非同志之人。分金多与，鲍叔独知管仲之贫；绨袍垂爱[22]，须贾深怜范叔之窘。要知主宾联以情，须尽东南之美；朋友合以义，当展切偲之诚[23]。

注释

①取善辅仁，皆资朋友：吸取长处辅助仁义，都依靠朋友。往来交际，迭为主宾：往来交际，轮流作主人和宾客。

②金兰：指知心朋友。《易经》中有“二人同心，其利断金；同心之言，其臭如兰。”

③东主、西宾：古代主人一般坐在东面，宾客一般坐在西面，故称东主、西宾。

④执：至交、好友。同袍：同穿一件战袍。

⑤莫逆：指心意相通。忘年：忘记了年龄。

⑥总角：古代儿童将头发梳成一个向上的小辫，这里指童年时代。

⑦陈重、雷义：东汉人。人们称他们的关系就像胶漆一样坚固。鸡黍之约：东汉人范巨卿在太学与张元伯分手时约定两年后探望张元伯的母亲。两年后张元伯让母亲准备好鸡与黍招待，他母亲说：“分别两年，千里之外，难以认真。”张元伯说：“范巨卿是守信的人，一定不会违约。”结果范巨卿果然如期来到。

⑧鲍鱼：腌鱼。

⑨孚：信任。

⑩参商：指参、商二个星宿。

⑪干糇以愆：一块干粮也会引起纠纷。糇，干粮；愆，差错、失误。

⑫攻：琢磨。

⑬落月屋梁，相思颜色：落月照在屋梁，就思念朋友的面容。颜色，指面容。暮云春树，想望丰仪：看到暮云、春树，就想起朋友的仪表。

⑭王阳、贡禹：汉代人，二人是好朋友。王阳担任益州刺史，贡禹就弹冠相庆，等待他推荐自己。杜伯、左儒：周宣王时人。杜伯没有罪，周宣王要杀他，左儒力争，最后杜伯被杀，左儒也跟着死了。

⑮分首判袂：表示离别。分首，分头；判袂，袖子分开。拥彗扫门：魏文侯拿着扫帚打扫门前，迎接朋友。

⑯陆凯：三国东吴人，曾折梅一枝，并赋诗一首寄给他的好朋友范晔："折花逢驿使，寄与陇头人。江南无所有，聊赠一枝春。"王维：唐朝诗人，曾写下"劝君更尽一杯酒，西出阳关无故人"的诗句，后据此谱曲《阳关三叠》。

⑰幕：指帷帐。速：邀请。

⑱醴酒不设：楚元王与穆生交情很好，穆生不喜欢喝酒，楚元王每次设宴就为他准备甜酒，后来楚王戊继位，忘记准备甜酒，穆生说："可以离去了。"不设甜酒，是楚王对穆生的态度已经冷淡了。投辖于井：汉代陈遵每次宴请宾客，总是把客人的车辖投入井中，不让客人走。

⑲蔡邕：东汉人。因来不及，曾倒穿着鞋出来迎接客人。

周公：即周公旦，他正在洗头，听说客人来了，就握着头发跑出去迎接。

⑳陈蕃：东汉豫章太守，不喜欢见客人，但很器重隐士徐稚，专门准备一个坐榻接待他。倾盖：车盖接在一起。

㉑伯牙、子期：古代伯牙善于操琴，钟子期善于理解他的琴声，钟子期死后，伯牙因为没有知音，就把琴弦拉断了。管宁、华歆：三国时人，两人是好朋友。一次他们同席学习，有乘轩车的人经过，华歆起来跑去看，管宁说："富贵应当自己努力达到，看他人干什么。"于是割断席子和华歆绝交了。

㉒鲍叔：齐国人鲍叔牙曾经和管仲一起经商，因管仲家贫，总是多分钱给管仲。绨袍垂爱：战国时范雎曾受到须贾陷害，后逃到秦国担任相国。一次须贾代表魏国出使秦国，范雎就化装穿着破衣服去见须贾，须贾说："我以为你死了，怎么落到这个地步呢？"就送他一件绨袍。第二天，须贾才发现范雎已担任秦国相国。

㉓尽东南之美：王勃《滕王阁序》中说："宾主尽东南之美。"意思是说宾主都是东南地区优秀的人士。切：恳切。偲：劝勉。

婚姻

原文

良缘由夙缔[1]，佳偶自天成。蹇修与柯人，皆是媒妁之号[2]；冰人与掌判，悉是传言之人。礼须六礼之周[3]，好合二姓之好。女嫁曰于归[4]，男婚曰完娶。婚姻论财，夷虏之道[5]；同姓不婚，周礼则然。女家受聘礼，谓之许缨[6]；新妇谒祖先，谓之庙见。文定纳采，皆为行聘之名；女嫁男婚，谓了子平之愿[7]。聘仪曰雁币[8]，卜妻曰凤占。成婚之日曰星期[9]，传命之人曰月老。下采即是纳币，合卺系是交杯[10]。执巾栉，奉箕帚，皆女家自谦之词；娴姆训，习内则[11]，皆男家称女之说。绿窗是贫女之室，红楼是富女之居[12]。桃夭谓婚姻之及时，摽梅谓婚期之已过[13]。御沟题叶，于祐始得宫娥；绣幕牵丝[14]，元振幸获美女。汉武与景帝论妇，欲将金屋贮娇；韦固与月老论婚[15]，始知赤绳系足。朱陈一村而结好，秦晋两国以联姻[16]。蓝田种玉，雍伯之缘；宝窗选婿，林甫之女[17]。架鹊桥以渡河，牛女相会；射雀屏而中目[18]，唐高得妻。至若礼重亲迎，所以正人伦之始；诗首好逑，所以崇王化之原[19]。

注释

①夙：早。缔：结。

②媒妁：媒人。

③六礼：指纳采、问名、纳吉、纳征、请期、亲迎等六种礼节。

④于归：指女子出嫁。《诗经》："之子于归。"

⑤夷虏：古代指边缘落后的民族。

⑥许缨：缨，绳子。女子同意嫁人，就系上一条绳子，表示已有归属。

⑦子平：汉代人向长，字子平。向长研究《易经》，很想进山修行。在女儿出嫁、儿子娶妻之后就去五岳名山游览，再也没有回来。

⑧雁币：因为雁不再次寻偶，故将聘礼称为雁币。

⑨星期：《诗经》中有"三星在天"的句子描写结婚的晚上，后来把结婚的日子叫做星期。

⑩合卺：指结婚。卺是一个瓠分成的两个瓢，是婚礼上所用的酒器。

⑪执巾栉：拿着毛巾和梳子。奉箕帚：拿着簸箕和扫帚。娴姆训、习内则：指熟悉妇道。姆，古代指能以妇道教人的老妇。

⑫绿窗、红楼：唐代诗人白居易有诗："绿窗贫家女，衣上无珍珠。红楼富家女，金缕绣罗襦。"

⑬桃夭、摽梅：《诗经》中有"桃之夭夭"歌颂女子出嫁，又有"摽有梅"写女子已到出嫁年龄。

⑭御沟题叶：唐代人于祐曾在皇宫水沟中拾到一片有宫女题诗的树叶，于祐也题诗让树叶漂回宫中，后来皇帝放宫女出嫁，于祐与娶回的宫女一谈，才知正是那位与自己互相题诗的宫女。绣幕牵丝：唐代宰相张嘉贞对荆州都督郭元振说："我有五个女儿，各拿着一根丝在幕后，你牵到谁，就让她嫁给你。"结果郭元振得到了他的第三个女儿。

⑮金屋贮娇：汉武帝小时候曾说：如果娶了阿娇（武帝的姑姑长公主的女儿），将建造金屋给她住。韦固：唐代人，曾遇见一个老人在月光下指着布囊说，这里装的是红绳子，用来拴夫妻的脚。

⑯朱陈一村：《事文类聚》载，朱陈两姓，世代通婚。秦晋：古代秦国和晋国世代结成婚姻。

⑰雍伯之缘：《搜神记》载，杨雍伯给行人供水，有人送他一升菜籽说："种下去可以长出玉，也可以娶得好妇人。"杨雍伯种下菜籽后，果然得到白璧五双，并用此作聘礼娶到徐氏女子。林甫之女：唐代李林甫在墙上开一个暗窗，每有弟子来拜见，就让他的六个女儿在窗下自选女婿。

⑱射雀屏而中目：隋代窦毅画一孔雀在屏上，心中暗定谁射中了孔雀的眼睛就把女儿嫁给谁，结果李渊射中，娶了他的女儿。李渊后来建立唐朝，成为高祖。

⑲礼重亲迎：礼法重视亲自迎娶。崇王化之原：尊崇君王教化的根本。

妇 女

原文

男子禀乾之刚，女子配坤之顺。贤后称女中尧舜，烈女称女中丈夫[①]。曰闺秀，曰淑媛，皆称贤女；曰阃范，曰懿德[②]，并美佳人。妇主中馈[③]，烹治饮食之名；女子归宁，回家省亲之谓。何谓三从，从父从夫从子；何谓四德[④]，妇德妇言妇工妇容。周家母仪[⑤]，太王有周姜，王季有太妊，文王有太姒；三代亡国，夏桀以妹喜，商纣以妲己，周幽以褒姒。兰蕙质，柳絮才，皆女人之美誉；冰雪心，柏舟操[⑥]，悉孀妇之清声。女貌娇娆，谓之尤物；妇容妖媚，实可倾城[⑦]。潘妃步朵朵莲花，小蛮腰纤纤杨柳[⑧]。张丽华发光可鉴，吴绛仙秀色可餐[⑨]。丽娟气馥如兰，呵气结成香雾；太真泪红于血[⑩]，滴时更结红冰。孟光力大，石臼可擎；飞燕身轻[⑪]，掌上可舞。至若缇萦上书而救父，卢氏冒刃而卫姑[⑫]，此女之孝者；侃母截发以延宾，村媪杀鸡而谢客[⑬]，此女之贤者；韩玖英恐贼秽而自投于秽，陈仲妻恐陨德而宁陨于崖[⑭]，此女之烈者；王凝妻被牵，断臂投地，曹令女誓志[⑮]，引刀割鼻，此女之节者；曹大家续完汉帙，徐惠妃援笔成文[⑯]，此女之才者；

戴女之练裳竹笥[17]，孟光之荆钗裙布，此女之贫者；柳氏秃妃之发，郭氏绝夫之嗣[18]，此女之妒者；贾女偷韩寿之香，齐女致袄庙之毁[19]，此女之淫者；东施效颦而可厌，无盐刻画以难堪[20]，此女之丑者。自古贞淫各异，人生妍丑不齐[21]。是故生菩萨、九子母、鸠盘荼[22]，谓妇态之更变可畏；钱树子、一点红、无廉耻，谓青楼之妓女殊名。此固不列于人群，亦可附之以博笑。

注释

①女中丈夫：女子中杰出的人。

②闺范：内室中的楷模。闺，内室；范，模范。懿德：美德。懿，美。

③中馈：在家中准备食物。

④三从、四德：封建的道德规范。

⑤母仪：古代皇后为国母，是妇人的仪表典范。

⑥柳絮才：晋代谢安曾问道："下雪纷纷何所似？"侄儿谢朗说："撒盐空中差可拟。"侄女谢道韫说："未若柳絮因风起。"谢安说："柳絮才高不道盐。"冰雪心：古代蒋顺怡有妻子周氏，蒋死后，公婆想让周氏改嫁，周氏做诗"瑶池故冰雪，为妾作心肝"表示自己清白不嫁的决心。柏舟操：古代卫国孀妇共姜曾做诗"泛彼柏舟，在彼中河。髡彼两髦，实维我仪"，表示自己不嫁的决心。

⑦倾城：使一城人倾倒。

⑧潘妃：南齐东昏侯曾经凿金为莲花，贴在地上，让潘妃在上面行走，称为步步生莲。小蛮：唐代诗人白居易的

妾，善舞。

⑨张丽华：陈后主的妃子。吴绛仙：隋炀帝的妃子。

⑩丽娟：汉武帝的宫女，玉肤柔软，吹气如兰。太真：杨贵妃。

⑪孟光：汉代梁鸿的妻子。飞燕：赵飞燕，汉成帝的妃子。

⑫缇萦：汉代淳于意的女儿，自愿入宫当奴隶，赎父亲的罪。卢氏：唐代郑义宗的妻子卢氏，在强盗打劫时，冒着被打死的危险保护婆婆。

⑬侃母截发以延宾：晋代陶侃的母亲剪发换钱招待客人。村媪：村妇。传说汉武帝微服私访，晚上到柏谷村，人们以为是盗贼，村中有一个老妇说："来客不是常人。"于是杀鸡表示歉意。

⑭韩玖英：唐代妇女韩玖英恐怕被强盗抓住受辱，就跳入粪坑中弄脏身体，强盗就放过了她。陈仲：唐代人。他的妻子张氏与两个嫂子遇到强盗，恐怕受辱，就跳崖而死。

⑮王凝：五代人王凝的妻子手臂被店主人抓住过，就用斧头自断手臂。曹令女：夏侯文宁之女，名令，嫁给曹文叔，后守寡，用刀割鼻以示自己不再嫁的决心。

⑯曹大家：即班昭，班固的妹妹，嫁曹世叔，早寡，接续完成了班固著的《汉书》。皇帝称赞她为曹大家。徐惠妃：唐代徐孝德的女儿，名惠，八岁提笔成文，后为唐太宗的妃子。

⑰戴女之练裳竹笥：东汉戴良的女儿出嫁，全都只用白布衣服竹箱作为嫁妆。

⑱柳氏：指唐代任环的妻子柳氏，柳氏要将皇帝赏给任环的两名美女头发烂掉，皇帝于是让这两名美妇另室而居。

郭氏：晋代贾充的妻子郭氏生了孩子，请乳母抚养，贾充看望儿子，郭氏以为贾充与乳母有私情，就鞭杀乳母，结果儿子因为思念乳母而死。

⑲贾女：贾充的女儿偷皇帝赐给贾充的香送给韩寿，与他私通，被贾充发觉，贾充就将女儿嫁给了韩寿。齐女：北齐公主与乳母的儿子相约在祆庙中相会，乳母的儿子先到，睡着了，公主来后，将小时候两人同玩的玉环丢在乳母儿子身上，乳母的儿子醒来后，欲火中烧，就放一把火将祆教的庙烧掉了。

⑳东施、无盐：都是古代丑女的名字。

㉑妍：美丽。

㉒生菩萨、九子母、鸠盘茶：相传唐代裴炎曾经说："妻子有三可怕，年轻时如活菩萨，中年儿子满前如九子母，老年面貌或青或黑，如鸠盘茶。"

外　戚

原文

帝女乃公侯主婚，故有公主之称；帝婿非正驾之车，乃是驸马之职①。郡主县君，皆宗女之谓；仪宾国宾②，皆宗婿之称。旧好曰通家，好亲曰懿戚③。冰清玉润④，丈人女婿同荣；泰水泰山，岳母岳父两号。新婿曰娇客，贵婿曰乘龙；赘婿曰馆甥，贤婿曰快婿；凡属东床[5]，俱称半子。女子号门楣，杨贵妃有光于父母；外甥称宅相[6]，晋魏舒期报于母家。共叙旧姻，曰原有瓜葛之亲；自谦劣戚[7]，曰忝在葭莩之末。大乔小乔[8]，皆姨夫之号；连襟连袂，亦姨夫之称。蒹葭依玉树，自谦借戚属之光；茑萝施乔松[9]，自幸得依附之所。

注释

①驸马：原是官名，管理副驾之车，东晋以后专指皇帝女婿。

②郡主、县主：与天子同姓诸侯的女儿，由郡县主婚，故称郡主、县主。仪宾、国宾：指与天子同姓诸侯的女婿，取其作王府宾客的意思。

③通家：世代交好。懿：美好。

④冰清玉润：晋代乐广和他的女婿卫玠都很有名声，被人们分别称赞为冰清、玉润。

⑤东床：晋代郗鉴让门生到王导家去求亲，王导让他到东厢去遍观王家子弟，门生回去报告说："王家的子弟都不错，只是有一个人躺在东床上，露着肚子，吃胡饼，像什么都没有听见一样。"郗鉴说："这个人就是我的女婿。"去一问，原来东边床上的那人就是王羲之。后用东床代指女婿。

⑥门楣：门的横木，门面的意思。唐代人称杨贵妃是家中门楣。宅相：住宅有好风水。晋代魏舒被外公宁氏抚养，人们称宁家住宅要出富贵的外甥。

⑦瓜葛：瓜藤。是辗转相连的亲戚关系。自谦劣戚：自

己谦虚地称是别人的亲戚。

⑧大乔、小乔：三国时乔公的女儿大乔嫁给了孙策，小乔嫁给了周瑜，故以大乔、小乔指代姨夫。

⑨茑萝施乔松：茑草与女萝草依附在松树上。茑、萝：寄生草。

山水图

老幼寿诞

原文

不凡之子，必异其生[①]；大德之人，必得其寿。称人生日，曰初度之辰；贺人逢旬[②]，曰生申令旦。三朝洗儿，曰汤饼之会；周岁试周，曰晬盘之期[③]。男生辰曰悬弧令旦，女生辰曰设帨佳辰[④]。贺人生子，曰嵩岳降神；自谦生女，曰缓急非益[⑤]。生子曰弄璋，生女曰弄瓦[⑥]。梦熊梦罴，男子之兆；梦虺梦蛇[⑦]，女子之祥。梦兰叶吉，郑文公妾生穆公之奇；英物称奇，温峤闻声知桓温之异[⑧]。姜嫄生稷，履大人之迹而有娠；简狄生契[⑨]，吞玄鸟之卵而叶孕。麟吐玉书，天生孔子之瑞；玉燕投怀[⑩]，梦孕张说之奇。弗陵太子，怀胎十四月而始生；老子道君[⑪]，在孕八十一年而始诞。晚年得子，谓之老蚌生珠；暮岁登科，正是龙头属老[⑫]。贺男寿曰南极星辉，贺女寿曰中天婺焕[⑬]。松柏节操，美其寿元之耐久；桑榆晚景[⑭]，自嫌老景之无多。矍铄称人康健，聩眊自谦衰颓[⑮]。黄发儿齿，有寿之征；龙钟潦倒[⑯]，年高之状。日月逾迈[⑰]，徒自伤悲；春秋几何，问人寿算。称少年曰春秋鼎盛，羡高年曰齿德俱尊[⑱]。行年五十，当知四十九年之非[19]；在世百年，哪有三万六千日之乐。百岁曰上寿，八十曰中寿，六十曰下寿；八十曰耋，九十曰耄，百岁曰期颐[20]。童子十岁就外傅，十三舞勺，成童舞象[21]；老者六十杖于乡，七十杖于国，八十杖于朝。后生固为可畏[22]，而高年尤是当尊。

注释

①必异其生：古人认为不凡的人出生时有异象。

②初度之辰：出生的日子。逢旬：逢十的生日。

③三朝洗儿：婴儿出生第三天要洗身，并招待亲友吃汤饼。晬盘：晬，孩子满一岁，举行抓周仪式。

④悬弧、设帨：古代生了男孩在门左挂一把弓，生女孩在门右放一块佩巾，分别称为悬弧、设帨。

⑤缓急非益：缓急时没有什么益处。汉代淳于意有五个女儿，曾说："生女缓急非益。"

⑥弄璋、弄瓦：古代生儿子让他玩玉，生女儿让她玩瓦。璋，玉器。

⑦熊、罴：古代人认为熊、罴是属阳的动物。虺、蛇：古代认为虺、蛇是属阴的动物。

⑧梦兰叶吉：梦见兰叶很吉祥。古代郑文公的妾梦见天使送她兰花，后来果然生下郑穆公。温峤：晋代桓温一岁时，温峤听见他的哭声，就称赞桓温是奇才。

⑨姜嫄生稷：后稷是古代农业的发明者，传说姜嫄踩了巨人的脚印后生下后稷。简狄生契：契是舜时的大臣，相传简狄吞下一枚玄鸟蛋而生下契。

⑩麟吐玉书：传说孔子出生前，有麒麟吐出玉书，书上

说：“水精之子，继衰周而为素王。”玉燕投怀：唐代张说的母亲梦见一只玉燕投入怀中，于是怀孕生下张说。

⑪弗陵太子：汉武帝的太子刘弗陵，传说他母亲怀孕十四个月才生下他。老子道君：老子，名聃。传说他的母亲怀孕八十一年，才从肋下生下他，一生下头发就是白的，所以叫老子。因为生在李树下，所以姓李。

⑫暮岁登科，正是龙头属老：暮年考中状元，正是龙头属于年老的人。龙头，状元是进士考试的第一名，称为龙头。

⑬南极星：《天文志》载，老人星在南面，又称为南极星。婺：婺星，即女星宿。故中天婺焕指贺女寿。

⑭美其寿元之耐久：赞美寿命和元气长久。桑榆晚景：太阳余光照在桑树和榆树上的投影。

⑮矍铄：强健的样子。聩眊：耳聋眼花。

⑯黄发儿齿：指老人头发变黄，长出小儿一样的牙齿。潦倒：体弱多病的样子。

⑰日月逾迈：指时光流逝。

⑱春秋鼎盛：指年富力强的时候。齿德俱尊：年龄和品德都高。

⑲非：不足。

⑳耋、耄、期颐：《礼记》云：“人生十岁曰幼学……八十九十曰耄。……百年曰期颐。”

㉑就外傅：到外面求学。舞勺、舞象：乐舞的名字。

㉒后生：年轻人。《论语》：“后生可畏，焉知来者。”

身体

原文

百体皆血肉之躯[①]，五官有贵贱之别。尧眉分八彩，舜目有重瞳。耳有三漏，大禹之奇形；臂有四肘，成汤之异体。文王龙颜而虎眉，汉高斗胸而隆准。孔圣之顶若圩，文王之胸四乳。周公反握，作兴周之相；重耳骈胁，为霸晋之君。此皆古圣之英姿[②]，不凡之贵品。至若发肤不可毁伤，曾子常以守身为大；待人须当量大，师德贵于唾面自干[③]。谗口中伤，金可铄而骨可销；虐政诛求[④]，敲其肤而吸其髓。受人牵制曰掣肘，不知羞愧曰厚颜[⑤]。好生议论，曰摇唇鼓舌；共话衷肠[⑥]，曰促膝谈心。怒发冲冠，蔺相如之英气勃勃；炙手可热，唐崔铉之贵势炎炎[⑦]。貌虽瘦而天下肥，唐玄宗之自谓；口有蜜而腹有剑，李林甫之为人[⑧]。赵子龙一身都是胆[⑨]，周灵王初生便有须。来俊臣注醋于囚鼻，法外行凶；严子陵加足于帝腹[⑩]，忘其尊贵。久不屈兹膝，郭子仪尊居宰相；不为米折腰[⑪]，陶渊明不拜吏胥。断送老头皮，杨璞得妻送之诗；新剥鸡头肉[⑫]，明皇爱贵妃之乳。纤指如春笋，媚眼若秋波[⑬]。肩曰玉楼，眼名银海；泪曰玉箸[⑭]，顶曰珠庭。歇担曰息肩，不服曰强项[15]。丁谓与人拂须[16]，何其谄也。彭乐截肠决战[17]，不亦勇乎？剜肉医疮，权济目前之急；伤胸扪足[18]，计安众士之心。汉张良蹑足附耳，东方朔洗髓伐毛[19]。尹继伦，契丹称为黑面大王；傅尧俞[20]，宋后称为金玉君子。土木形骸[21]，不自妆饰；铁石心肠，秉性坚刚。叙会晤曰得挹芝眉，叙契阔曰久违颜范[22]。请女客曰奉迓金莲，邀亲友曰敢攀玉趾[23]。侏儒谓人身矮，魁梧称人貌奇。龙章凤姿[24]，廊庙之彦；獐头鼠目，草野之夫。恐惧过甚，曰畏首畏尾；感佩不忘，曰刻骨铭心。貌丑曰不扬，貌美曰冠玉[25]。足跛曰蹒跚，耳聋曰重听。期期艾艾，口讷之称；喋喋便便，言多之状。可嘉者小心翼翼，可鄙者大言不惭。腰细曰柳腰，身小曰鸡肋。笑人齿缺，曰狗窦大开；讥人不决，曰鼠首偾事[26]。口中雌黄，言事而多改移；皮里春秋[27]，胸中自有褒贬。唇亡齿寒，谓彼此之失依；足上首下，谓尊卑之颠倒。所为得意，曰吐气扬眉；待人诚心，曰推心置腹。心慌曰灵台乱，醉倒曰玉山颓[28]。睡曰黑甜[29]，卧曰息偃。口尚乳臭，谓世人年少无知；三折其肱，谓医士老成谙练[30]。西子捧心，愈见增妍；丑妇放颦[31]，弄巧反拙。慧眼始知道骨[32]，肉眼不识贤人。婢膝奴颜，谄容可厌；胁肩谄笑，媚态难堪。忠臣披肝，为君之药；妇人长舌，为厉之阶[33]。事遂心曰如愿，事可愧曰汗颜[34]。人多言曰饶舌，物堪食曰可口。泽及枯骨，西伯之深仁；灼艾分痛[35]，宋祖之友爱。唐太宗为臣疗病，亲剪其须；颜杲卿骂贼不辍[36]，贼断其舌。不较横逆，曰置之度外；洞悉虏情[37]，曰已入掌中。马良有白眉[38]，独出乎众；阮籍作青眼，厚待乎人。咬牙封雍齿，计安众将之心；含泪斩丁公[39]，法正叛臣之罪。掷果盈车，潘安仁美姿可爱；投石满载[40]，张孟阳丑态堪憎。事之可怪，妇人生须；事所骇闻，男人诞子[41]。求物济用，曰燃眉之急；悔事无成，曰噬脐何及[42]。情不相关，如秦越人之视肥瘠[43]；事当探本，如善医者只论精神。无功食禄，谓之尸位素餐；谫劣无能，谓之行尸走肉[44]。老当益壮，宁知白首之心；穷且益坚，不坠青云之志。一息尚存，此志不容少懈；十手所指，此心安可自欺。

注释

①百体：指身体的各器官。

②古圣：古代圣人。此段都是说的古代圣人非凡的相貌。

③曾子：曾子认为身体发肤受之父母，不敢毁伤。师德：唐人娄思德认为度量应该大，别人唾面，应该让唾沫自干。

④诛求：征取，索求。

⑤掣肘：胳膊受到牵制。厚颜：脸皮厚。

⑥衷肠：衷心。

⑦蔺相如：战国时赵国人，曾出使秦国，斥责秦王不守信用而怒发冲冠。崔铉：唐朝宰相，权势很大，当时人们说他“炙手可热”。

⑧李林甫：唐朝宰相，很阴险，人称他口蜜腹剑。

⑨赵子龙：即赵云，刘备曾称他一身是胆。

⑩来俊臣：唐代酷史，常向犯人的鼻子里灌醋。严子陵：东汉严光，字子陵，是光武帝刘秀的好朋友。有一天光武帝

与他同睡，他将脚伸到光武帝的肚子上，太史第二天报告天象说："有客星侵犯帝星。"光武帝说："那是我和严子陵同卧。"

⑪郭子仪：唐朝宰相。魏博节度使田承嗣曾向他下拜说："我的膝盖已有十年没弯曲了，今天是为宰相您才下拜。"陶渊明：晋代人，任彭泽县令时，不愿向郡里的官员弯腰。

⑫杨璞：宋代人，应皇帝之召到京城，他的妻子曾做诗为他送行，有"今日捉将官里去，这回断送老头皮"的诗句。鸡头：水生植物鸡头莲的果实。唐明皇曾赞杨贵妃之乳像新剥的鸡头肉。

⑬秋波：形容女子的眼神。

⑭玉箸：指泪线。

⑮强项：硬脖子。

⑯丁谓：北宋大臣，曾为寇准擦掉须上的菜羹，寇准说："你是国家大臣，怎么为人拂须呢？"

⑰彭乐：北齐人，与周文决战时被刺肠子流出，他将肠子截断再战。

⑱伤胸扪足：汉高祖刘邦被项羽射伤胸部，刘邦为安定众心，捂住脚说："贼射中了我的脚趾。"

⑲张良蹑足附耳：韩信要刘邦封他为假齐王。刘邦非常生气，张良踩刘邦的脚，附在他耳边建议为大局着想，封韩信为真王。东方朔洗髓伐毛：传说西汉东方朔遇见一黄须老人，老人说："我不吃饭九千年了，三千年洗一次骨髓，剥皮去一次毛。"

⑳尹继伦：北宋大将，契丹人称他为"黑面大王"。傅尧俞：宋代大臣，被称为金玉君子。

㉑土木形骸：指人的身体像土木一样自然，不需修饰。

㉒得挹芝眉：唐代人元德秀，字紫芝，很有风骨，房倌每次见到他都感叹说："我见到紫芝的眉宇，名利之心都没有了。"契阔：久别之意。颜范：赞美别人面容可以作人的模范。

㉓迓：迎接。敢攀玉趾：请人移步的意思。

㉔龙章凤姿：龙的外表，凤的姿态。

㉕冠玉：帽上的美玉。

㉖狗窦：狗洞，讥笑人的牙齿缺了。偾事：败事。

㉗雌黄：古代用黄纸写字，有笔误，就用雌黄涂抹。皮里春秋：晋代人褚裒名声很大，桓彝说他"有皮里春秋"。意思是表面没有评论，胸中自有褒贬。

㉘灵台：指心。玉山：头。

㉙黑甜：指睡觉。苏东坡诗中有"一枕黑甜余"的诗句。

㉚三折其肱：指人三次折断手臂，就可成为良医。谙练：熟练。

㉛丑妇效颦：指东施效颦。

㉜慧眼：佛家语，《金刚经》载："如来有慧眼。"

㉝忠臣披肝，为君之药：忠臣披肝沥胆是君王的良药。厉：祸。

㉞汗颜：脸上出汗。

㉟西伯：指周文王。周文王凿池沼得到枯骨，命令官吏埋葬。

㊱颜杲卿：唐代常山太守，怒骂安禄山不住口，被割断舌头，喷血而死。

㊲虏情：敌情。

㊳白眉：眉中有白毛。

㊴封雍齿：刘邦采纳张良的计策，封他最痛恨的大将雍齿为侯以安众将领之心。丁公：项羽的大将，项羽失败后，投奔刘邦，刘邦认为他为臣不忠，斩杀了丁公。

㊵掷果盈车：晋代潘安貌美，每次出车，妇人爱慕他，都向他扔果子，装满了车。投石满载：张孟阳奇丑，每次出门，妇人往他车上扔石头。

㊶妇人生须：北宋时有个酒保的女儿四十岁，忽然生出须，长六七寸。男人诞子：北宋京城中有男子生子。

㊷噬：咬。

㊸秦越人之视肥瘠：《诤臣论》中云："视政之得失，若越人视秦人之肥瘠，忽焉不加于喜戚于其心。"

㊹尸位：古代祭祀时让一人端坐不动，充当祭主，称尸位。素餐：白吃饭。谫劣：浅薄无能。

衣服

原文

冠称元服①，衣曰身章。曰弁曰冔曰冕，皆冠之号；曰履曰舄曰屣②，悉鞋之名。上公命服有九锡，士人初冠有三加③。簪缨缙绅，仕宦之称；章甫缝掖，儒者之服④。布衣即白丁之谓，青衿乃生员之称[5]。葛屦履霜，诮俭啬之过甚；绿衣黄里，讥贵贱之失伦[6]。上服曰衣，下服曰裳；衣前曰襟，衣后曰裾[7]。敝衣曰褴褛，美服曰华裾[8]。襁褓乃小儿之衣，弁髦[9]亦小儿之饰。左衽[10]是夷狄之服，短后是武夫之衣。尊卑失序，如冠履倒置；富贵不归，如锦衣夜行[11]。狐裘三十年，俭称晏子；锦幛四十里，富羡石崇[12]。孟尝君珠履三千客，牛僧孺金钗十二行[13]。千金之裘，非一狐之腋[14]；绮罗之辈，非养蚕之人。贵者重裀叠褥，贫者裋褐不完[15]。卜子夏甚贫，鹑衣百结；公孙弘甚俭[16]，布被十年。南州冠冕，德操称庞统之迈众；三河领袖，崔浩羡裴骏之超群[17]。虞舜制衣裳，所以命有德；昭侯藏敝袴[18]，所以待有功。唐文宗袖经三浣，晋文公衣不重裘[19]。衣履不敝，不肯更为，世称尧帝；衣不经新，何由得故，妇劝桓冲[20]。王氏之眉贴花钿，被韦固之剑所刺；贵妃之乳服诃子，为禄山之爪所伤[21]。姜氏翕和，兄弟每宵同大被；王章未遇，夫妻寒夜卧牛衣[22]。缓带轻裘，羊叔子乃斯文主将；葛巾野服，陶渊明真陆地神仙[23]。服之不衷，身之灾也；缊袍不耻[24]，志独超欤。

注释

①元服：冠为帽子，戴在头上，头为元首，所以冠服称为元服。

②履、舄、屣：上朝穿的鞋子为履，祭祀穿的鞋子为舄，宴会穿的鞋子为屣。

③九锡：君王赐的九种物品。三加：士人行冠礼先行戴

缁布冠，再戴皮弁，最后戴爵弁，称为三加。

④簪缨：即首笄和冠索，仕宦们固定帽子的饰物。章甫缝掖：指孔子穿戴过的章甫冠和缝掖衣。

⑤青衿：青领的衣服，是生员的装束。

⑥葛屦：草鞋。穿着草鞋在霜中行走，是过于节俭。绿衣黄里：绿是贱色，而反以为衣，黄是高贵之色，而反以为里，是贵贱颠倒。

⑦襟：衣前衽。裾：衣后幅。

⑧华裾：华美的衣服。

⑨弁髦：儿童头发垂下来，就要戴弁帽，称为弁髦。

⑩左衽：衣襟开在左边，少数民族的服饰多如此。

⑪锦衣夜行：晚上穿着锦绣衣服行走。

⑫晏子：春秋时齐国相国，很俭朴。石崇：晋代富豪，曾作锦幛四十里。

⑬孟尝君珠履三千客：春秋时孟尝君手下三千门客都用珠装饰鞋，称为珠履客。牛僧儒：唐朝宰相。金钗十二行：指妻妾众多。

⑭一狐之腋：狐狸腋下的皮毛很珍贵，但很少。

⑮重裀叠褥：坐垫重重叠叠。裋褐：粗毛布衣。

⑯卜子夏：孔子的学生，家贫，衣服上打满补丁，像挂着很多鹑鸟。公孙弘：汉武帝时大臣，很俭朴。

⑰德操：司马德操，汉末人，曾称赞庞统为“南州冠冕”，即南州士人的领袖。崔浩：北魏人，皇帝曾对崔浩说：“裴骏是三河领袖。”

⑱昭侯藏敝袴：韩昭侯命令将一条破旧裤子收藏，等待赏赐给有功之士。

⑲袖经三浣：唐文宗曾说："我这身衣服已洗过三次。"柳公权却说："皇帝应该考虑大事，不应考虑洗衣服这些小事。"浣，洗。衣不重裘：不穿两重裘皮的衣服，以示节俭。

⑳桓冲：东晋名将。

㉑三氏之眉贴花钿：韦固遇到月下老人，老人告诉韦固姻缘天定。韦固问："我的妻子在哪里？"老人说："现在只有三岁，城北卖菜陈氏的女孩子就是。"韦固前去看，那个女孩子很丑，他就让奴仆用剑刺伤女孩的眉心。十四年以后，相州刺史王泰将养女嫁给韦固，王氏女子眉心总贴着花钿，韦固问其中缘由，王氏回答说："我是郡守的女儿，父亲死在任上，小时候乳母卖菜抚养我。因被贼人刺伤，伤痕还在。"服诃：戴着胸衣。杨贵妃被安禄山抓伤了乳房，就绣了一件胸衣罩在乳房上。

㉒三章：汉代人，家贫，曾病卧躺在牛衣中，哭着与妻诀别，妻子说："城中的人，谁能比得上你，为什么不振作起来，反而哭泣呢？"后来王章做了京兆尹。

㉓羊叔子：晋代人羊祜，字叔子。任荆州都督时，穿着斯文，被称为斯文主将。陶渊明：晋代人，常戴葛巾，穿山里人的衣服，被称为陆地神仙。

㉔服之不衷，身之灾也：衣服不合身份，就有灾祸。缊袍不耻：穿着缊袍不觉得低人一等。《论语》载，子路穿着缊袍，站在穿皮裘的人中间，不觉低人一等，孔子赞扬他的志向高远。缊袍，旧袍子。

卷三

人 事

原文

《大学》首重夫明新，小子莫先于应对[①]。其容固宜有度，出言尤贵有章[②]。智欲圆而行欲方[③]，胆欲大而心欲小。阁下、足下，并称人之辞；不佞、鲰生[④]，皆自谦之语。恕罪曰原宥，惶恐曰主臣[⑤]。大春元、大殿选、大会状，举人之称不一[⑥]；大秋元、大经元、大三元，士人之誉多殊。大掾史，推美吏员；大柱石[⑦]，尊称乡宦。贺入学曰云程发轫[⑧]，贺新冠曰元服加荣。贺人荣归，谓之锦旋；作商得财，谓之稛载[⑨]。谦送礼曰献芹，不受馈曰反璧[⑩]。谢人厚礼曰厚贶，自谦礼薄曰菲仪[⑪]。送行之礼，谓之赆仪；拜见之赀，名曰贽敬[⑫]。贺寿仪曰祝敬，吊死礼曰奠仪[⑬]。请人远归曰洗尘，携酒送行曰祖饯[⑭]。犒仆夫，谓之旌使；演戏文，谓之俳优[⑮]。谢人寄书，曰辱承华翰[⑯]；谢人致问，曰多蒙寄声。望人寄信，曰早赐玉音；谢人许物，曰已蒙金诺[⑰]。具名帖，曰投刺；发书函，曰开缄[⑱]。思慕久曰极切瞻韩，想望殷曰久怀慕蔺[⑲]。相识未真，曰半面之识；不期而会，曰邂逅之缘[⑳]。登龙门，得参名士；瞻山斗[㉑]，仰望高贤。一日三秋，言思慕之甚切；渴尘

万斛[22]，言想望之久殷。睽违教命，乃云鄙吝复萌；来往无凭，则曰萍踪靡定[23]。虞舜慕唐尧，见尧于羹，见尧于墙[24]；门人学孔圣，孔步亦步，孔趋亦趋。曾经会晤，曰向获承颜接辞；谢人指教，曰深蒙耳提面命[25]。求人涵容，曰望包荒；求人吹嘘，曰望汲引[26]。求人荐引，曰幸为先容；求人改文，曰望赐郢斫[27]。借重鼎言，是托人言事；望移玉趾，是浼人亲行[28]。多蒙推毂[29]，谢人引荐之辞；望作领袖，托人倡首之说。言辞不爽，谓之金石语；乡党公论，谓之月旦评[30]。逢人说项斯[31]，表扬善行；名下无虚士，果是贤人。党恶为非，曰朋奸；尽财赌博，曰孤注[32]。徒了事，曰但求塞责[33]；戒明察，曰不可苛求。方命是逆人之言；执拗是执己之性[34]。曰觊觎、曰睥睨，总是私心之窥望；曰倥偬、曰旁午[35]，皆言人事之纷纭。小过必察，谓之吹毛求疵[36]；乘患相攻，谓之落井下石。欲心难厌如溪壑，财物易尽若漏卮[37]。望开茅塞，是求人之教导；多蒙药石，是谢人之箴规[38]。芳规芳躅[39]，皆善行之可慕；格言至言，悉嘉言之可听。无言曰缄默，息怒曰霁威[40]。包拯寡色笑，人比其笑为黄河清；商鞅最凶残[41]，常见论囚而渭水赤。仇深曰切齿，人笑曰解颐[42]。人微笑曰莞尔，掩口笑曰胡卢。大笑曰绝倒，众笑曰哄堂。留位待贤，谓之虚左；官僚共署，谓之同寅[43]。人失信曰爽约，又曰食言；人忘誓曰寒盟，又曰反汗[44]。铭心镂骨，感德难忘；结草衔环[45]，知恩必报。自惹其灾，谓之解衣抱火；幸离其害，真如脱网就渊[46]。两不相入，谓之枘凿[47]；两不相投，谓之冰炭。彼此不合曰龃龉，欲进不前曰趑趄[48]。落落不合之词，区区自谦之语[49]。竣者作事已毕之谓，醵者敛财饮食之名[50]。赞襄其事[51]，谓之玉成；分裂难完，谓之瓦解。事有低昂曰轩轾，力相上下曰颉颃[52]。凭空起事曰作俑，仍前蹱弊曰效尤[53]。手口共作曰拮据，不暇修容曰鞅掌[54]。手足并行曰匍匐，俯首而思曰低徊[55]。明珠投暗，大屈才能；入室操戈[56]，自相鱼肉。求教于愚人，是问道于盲；枉道以干主，是炫玉求售[57]。智谋之士，所见略同；仁人之言，其利甚溥[58]。班门弄斧，不知分量；岑楼齐末，不识高卑[59]。势延莫遏，谓之滋蔓难图[60]；包藏祸心，谓之人心叵测。作舍道旁[61]，议论多而难成；一国三公，权柄分而不一。事有奇缘，曰三生有幸；事皆拂意，曰一事无成[62]。酒色是酖，如以双斧伐孤树；力量不胜，如以寸胶澄黄河[63]。兼听则明，偏听则暗，此魏徵之对太宗；众怒难犯，专欲难成，此子产之讽子孔[64]。欲逞所长，谓之心烦技痒；绝无情欲，谓之槁木死灰[65]。座上有江南，语言须谨；往来无白丁[66]，交接皆贤。将近好处，曰渐入佳境；无端倨傲，曰旁若无人[67]。借事宽役曰告假，将钱嘱托曰夤缘[68]。事有大利，曰奇货可居[69]；事宜鉴前，曰覆车当戒。外彼为此，曰左袒[70]；处事两可，曰模棱。敌甚易摧，曰发蒙振落[71]；志在必胜，曰破釜沉舟[72]。曲突徙薪无恩泽[73]，不念豫防之力大；焦头烂额为上客，徒知救急之功宏。贼人曰梁上君子，强梗曰化外顽民[74]。木屑竹头，皆为有用之物；牛溲马渤，可备药石之资[75]。五经扫地，祝钦明自亵斯文；一木撑天，晋王敦未可擅动[76]。题凤题午，讥友讥亲之隐词；破麦破梨，见夫见子之奇梦[77]。毛遂片言九鼎，人重其言；季布一诺千金，人服其信[78]。岳飞背涅精忠报国，杨震惟以清白传家[79]。下强上弱，曰尾大不掉；上权下夺，曰太阿倒持[80]。当今之世，不但君择臣，臣亦择君；受命之主，不独创业难，守成亦不易[81]。生平所为皆可对人言，司马光之自信；运用之妙惟存乎一心，岳武穆之论兵[82]。不修边幅，谓人不饰仪容；不立崖岸，谓人天性和乐[83]。蕞尔、幺么，言其甚小；卤莽、灭裂，言其不精[84]。误处皆缘不学，强作乃成自然[85]。求事速成曰躐等，过于礼貌曰足恭[86]。假忠厚者谓之乡愿，出人群者谓之巨擘[87]。孟浪由于轻浮，精详出于暇豫[88]。为善则流芳百世，为恶则遗臭万年。过多曰稔恶，罪满曰贯盈[89]。尝见冶容诲淫，须知慢藏诲盗[90]。管中窥豹，所见不多；坐井观天，知识不广。无势可乘，英雄无用武之地；有道则见，君子有展采之思[91]。求名利达，曰捷足先得；慰士迟滞，曰大器晚成[92]。不知通变，曰徒读父书[93]；自作聪明，曰徒执己见。浅见曰肤见[94]，俗言曰俚言。识时务者为俊杰，昧先几者非明哲[95]。村夫不识一丁，愚者岂无一得[96]。拔去一丁，谓除一害；又生一秦，是增一仇[97]。戒轻言，曰恐属垣有耳；戒轻敌，曰无谓秦无人[98]。同恶相帮，谓之助桀为虐；贪心无厌，谓之得陇望蜀[99]。当知器满则倾[100]，须知物极必反。喜嬉戏名为好弄，好笑谑谓之诙谐[101]。谗口交加，市中可信有虎；众奸鼓衅，聚蚊可以成雷[102]。萋斐成锦，谓谮人之酿祸；含沙射影[103]，言鬼蜮之害人。针砭所以治病[104]，鸩毒必至杀人。李义府阴柔害物，人谓之笑里藏刀；李林甫奸诡谄人[105]，世谓之口蜜腹剑。代人作事，曰代庖；与人设谋，曰借箸[106]。见事极真，曰明若观火；对敌易胜，曰势若摧枯。汉武内多欲而外施仁义，廉颇先国难而后私仇。卧榻之侧，岂容他人鼾睡，宋太祖之语；一统之世，真是胡越一家[107]，唐太宗之时。至若暴秦以吕易嬴，是嬴亡于庄襄之手；弱晋以牛易马，是马灭于怀愍之时[108]。中宗亲为点筹于韦后，秽播千秋；明皇赐洗儿钱于贵妃，丑遗万代[109]。非类相从，不如鹑鹊；父子同牝，谓之聚麀[110]。以下淫上谓之烝，野合[111]奸伦谓之乱。从来淑慝殊途[112]，惟在后人法戒；斯世清浊异品，全赖吾辈激扬。

注释

①《大学》首重夫明新：《大学》首先重视的是明新。明新，明德做新人。小子莫先于应对：小孩子首先应该学习应对。

②容固宜有度：仪容本来应该有标准。出言尤贵有章：出言尤其贵在有章法。

③智欲圆而行欲方：智慧要圆通，行动要方正。

④不佞：不才。鲰生：小人。

⑤原宥：宽恕。主臣：指臣对主上的恐惧之心。

⑥举人：中举的人。

⑦掾：古代对曹官的称呼。柱石：栋梁之意。

⑧发轫：轫是车闸，发轫就是开始启程。

⑨锦旋：意思是衣冠锦绣而归。捆载：意思是捆束财物而归。

⑩献芹：礼物薄的意思。反璧：原璧奉还之意。

⑪厚贶：厚赐。菲：薄。

⑫赆仪：出行时赠送的礼物。贽敬：拜见求人时送的礼物。

⑬奠仪：祭奠的礼物。

⑭洗尘：洗去尘土。祖饯：黄帝之子名祖，是行路之神，出行的人必定要祭祀他，所以送的人与行的人饮酒称为祖饯。

⑮旌使：奖赏派来的使者。俳优：俳，指戏；优，指演戏的人。

⑯华翰：称赞对方词翰华美，是对他人来信的美称。

⑰金诺：价值千金的诺言。古代楚地有谚语云："得黄金百斤，不如季布一诺。"

⑱投刺：古代姓名都刺写在竹木之上，故称递送名帖为投刺。缄：封。

⑲瞻韩：唐代韩朝宗任荆州刺史，喜欢提拔人。李白曾说："生不愿封万户侯，但愿一识韩荆州。"后用瞻韩表示对人仰慕。慕蔺：蔺相如为赵国相国，汉司马相如慕其为人，故同其名。后用慕蔺表示思慕。

⑳邂逅：不期而遇。

㉑登龙门：汉代李膺名声很大，士人中有被他接见的，称为登龙门。山斗：唐代韩愈盛名，学者仰望他如泰山北斗。

㉒渴尘万斛：心中很渴如生万斛尘埃，想望清水止渴。

㉓睽违教命，乃云鄙吝复萌：违背教诲，庸俗贪鄙之心就会复萌。萍踪靡定：浮萍无根，漂来漂去。

㉔见尧于羹，见尧于墙：舜思念尧，吃饭时在汤中看见尧，坐时在墙上看见尧。

㉕承颜接辞：承蒙见面谈话。耳提面命：附着耳朵指教、当面指示。

㉖包荒：度量宽大。汲引：提拔引导。

㉗先容：意思是先介绍引荐。郢斫：古代有一则故事说郢人的鼻子上有白灰，匠人用斧子飞快地掠过，削去了白灰，却一点也没有伤到鼻子。后用郢斫表示请人修改文章。

㉘鼎言：说话有分量。浼：请求。

㉙推毂：是说举荐的人如推车运毂前进。

㉚不爽：不反悔。月旦评：东汉许劭和许靖喜欢评论乡里人物，每月换评论的题目。月旦，每月初一。

㉛项斯：唐代人，为人清奇雅正，诗写得好。说项，表示替人说好话。

㉜朋奸：结党为奸。孤注：将全部财物下为一注。

㉝塞责：不认真负责。

㉞方命：违背人的命令。执拗：固执。

㉟觊觎：希望非分地得到。睥睨：斜视。倥偬：多事，纷忙。旁午：纵横纷杂。

㊱疵：小毛病。

㊲厌：满足。卮：古代盛酒的器具。

㊳茅塞：被茅草所堵塞。药石：医药和针砭石。箴规：

指规劝。

㊴芳规芳躅：好的法度、好的行为。规，法度；躅，足迹。

㊵霁威：停止施威。霁，雨止为霁。

㊶包拯：宋代清官。商鞅：秦国相国，相传他很残酷，在渭水边审决囚犯，渭水都被血染红了。

㊷解颐：颐，腮。人笑的时候两颊张开，故称解颐。

㊸虚左：古代左边为贵，故留出左边的位置等待贤人。同寅：意思是同在一个官署中。

㊹食言：说出的话又吞回去。寒盟：背盟。反汗：出来的汗又反回去，是说话不算数的意思。

㊺结草：春秋时魏武子临死前对儿子颗说，让自己的爱妾殉葬。魏武子死后，颗没有按父亲的要求去做，而是让父妾出嫁。后来颗在与秦军作战中，有一个老人将草结在一起绊住了秦将杜回，颗因此捉住了杜回。晚间颗梦见一个老人对他说："我就是那个小妾的父亲，以此相报。"衔环：汉代杨宝很善良，九岁时过华山，将一个受伤的黄雀治好后放了生。百日后，黄雀化为童子衔来白玉环四枚作为报答。

㊻脱网就渊：鱼脱离渔网逃入深水中。

㊼枘凿：即圆凿方枘。凿的眼是圆的，榫头是方的，故两不相合。

㊽龃龉：上下牙不合。趑趄：退缩不前。

㊾落落：疏远的意思。区区：小的意思。

㊿醵：指凑钱聚会饮酒。

51赞襄：帮助成全的意思。

㊾低昂：低和高。轩轾：轻重的意思。颉颃：鸟飞向上为颉，下为颃。

⑤作俑：指开先例。俑，古代陪葬的木偶人。孔子曾曰："始作俑者，其无后乎。"效尤：效法坏的东西。

㊹拮据：原指辛勤劳作，后引申为经济状况紧张。鞅掌：劳苦而容貌不整的样子。

㊺低徊：低头不进的样子。

㊻入室操戈：汉代何休著有《公羊》等书，郑玄就用何休的方法写书反驳何休，何休说："郑玄入吾室，操吾戈，而伐我乎。"

㊼枉道以干主，是炫玉求售：远道来影响君王，就像炫耀宝玉想卖出去一样。

㊽仁人之言，其利甚溥：仁义之人的话，益处很大。溥，大。

㊾岑楼齐末：岑楼是又高又尖的楼，孟子曾说："如果不顾楼的下面，只拿寸木去与岑楼尖相比，可以让方寸之木比岑楼还高。"形容不知道高低。

㊿滋蔓难图：蔓延难以对付。

61作舍道旁：汉代有谚语说："在道路旁修房子，三年不成。"形容人们议论纷纷，意见不一，难以成事。

62三生：佛教语，指人托生三次。拂意：不如意。

63酖：沉溺。澄：澄清。

64魏徵：唐太宗时大臣，善谏。众怒难犯：郑国子孔当政，发布一项命令受到大臣们的反对，子孔要杀掉反对的人。子产说："众怒难犯，专欲难成。"劝子孔收回成命，子孔于是烧掉了命令。

⑥⑤槁木：枯木。死灰：已冷了的灰。

⑥⑥座上有江南：古诗有"座中若有江南客，莫向春风唱《鹧鸪》。"《鹧鸪》是一首思江南的曲子。白丁：指没有功名的人。

⑥⑦渐入佳境：晋代顾恺之吃甘蔗从末稍吃到头部，说这样吃渐入佳境。倨傲：不恭敬。

⑥⑧宽役：暂停工作。夤缘：攀缘上升。

⑥⑨奇货可居：吕不韦曾认为在赵国做人质的秦国王子异人奇货可居，就帮助他逃回秦国，后来异人做了庄襄王，生下儿子嬴政，就是秦始皇。

⑦⓪左袒：露出左胳膊。古代齐国有一个女子，两家来求亲，东家富而人丑，西家贫而人俊，父亲请女儿袒肩表示意愿，结果女儿袒了左右肩，说："愿意在东家吃饭而在西家睡觉。"袒，去掉外面的披风露出衣服。

⑦①发蒙振落：去掉物品上蒙的尘，震落树上枝叶，形容事情很容易。

⑦②破釜沉舟：项羽作战时将锅砸掉，将船沉掉，表示必胜的决心。釜，行军做饭的锅。

⑦③曲突徙薪：有一个客人见主人家的烟囱直短而旁边有薪柴，建议将烟囱弯曲把薪柴移开，以防失火，但没有被采纳。后来果然发生火灾，主人将救火被烧得焦头烂额的人奉为上宾，却忘记了提建议的人。比喻对提出的预防意

见不重视。

⑭化外顽民：指没有接受教化的人。

⑮木屑竹头：晋代陶侃担任荆襄都督，把造船用剩的木屑竹头收藏留下，人们笑他迂。后来下雪初晴，就用木屑铺地，到桓温伐蜀时，又用竹头作钉装船，人们才知道竹头木屑有用。牛溲马渤：牛溲，牛尿；马渤，一种草。都可入药。

⑯祝钦明：唐睿宗时大臣，很有学问，长得很胖，在宴会上自请跳八风舞，丑态百出，斯文扫尽。王敦：晋代王敦谋反，梦见一木撑天，请许真君解梦，许真君说："一木撑天为未，不可妄动。"

⑰题凤：晋代吕安曾给稽喜在门上题一"凤"字，稽喜很高兴，以为说自己是凤凰。稽喜的父亲稽康回来后说："'凤'，凡鸟也，是笑话我的儿子。"题午：有人在朋友门上题一"午"字，意思是"牛不出头。"破麦：有一妇人兵乱中与夫及子相分离，一天梦见磨麦，还有莲花落尽，一尼姑解梦说："磨麦见夫（麸）面，莲花落莲子出。"后来妇人果然见到丈夫和儿子。破梨：杨进贤失去儿子，非常思念，一天梦见分梨子，想到分离，更加伤心。朋友对他说："分梨就能见到子（籽）了。"果然儿子不久就回来了。

⑱毛遂：战国时平原君的门客。季布：汉代人，守信用，人称他一诺千金。

⑲岳飞：宋代大将，背上刺有"精忠报国"字样。杨震：汉代人，不为后代置地产，人称清白传家。

⑳太阿倒持：将太阿剑倒着拿在手上，意即将剑柄给别

人。太阿：宝剑名。

㊱君择臣，臣亦择君：汉代马援曾对光武帝说："当今之世，非但君择臣，臣亦择君。"创业难，守成亦不易：唐太宗与大臣房玄龄、魏徵谈话时说："创业难，守成亦不易。"

㊲司马光：北宋史学家。岳武穆：岳飞，他曾说："运用兵法之妙，存乎一心。"

㊳边幅：布的边缘，借指衣饰。立崖岸：站在山崖、岸边，指倨傲不合群。

㊴蕞尔：小的样子。幺么：细小。卤莽：苟且。灭裂：轻易。

㊵缘：因为。强作：强行作出。

㊶躐等：越过等级。足恭：巧言令色，过于恭敬。

㊷乡愿：德行不好。巨擘：大拇指。

㊸孟浪：轻率。暇豫：从容考虑。

㊹稔恶：积恶太多。贯盈：如穿钱的绳，已经贯满。指罪恶太多。

㊺诲淫、诲盗：《易经》云："慢藏诲盗，冶容诲淫。"意思是藏物不谨慎，如同教人为盗，修饰仪容，是教人为淫乱。

㊻有道则见，君子有展采之思：君王有道就出来，以舒展事业才干。见，现。展，舒展。采，事业。

㊼捷足先得：汉代蒯通说："秦国失其鹿，天下人共同追逐它，才能高、跑得快的人先得到它。"慰士：安慰士人。迟滞：成就得晚。大器晚成：杰出的人才成就的比较晚。

㊽徒读父书：赵王任用大将赵奢的儿子赵括统兵，蔺相

如说："赵括空读他父亲的兵书，不知通变。"结果赵括果然打了败仗。

⑭肤见：形容见解很浅薄。肤：皮肤的表层。

⑮昧先几者非明哲：不了解事先细微的变化不是明哲的人。昧，不明白。几，细微的变化。

⑯一得：古语云："愚者千虑，必有一得。"

⑰一丁：指丁渭。宋朝丁渭擅权，京城中歌谣云："欲得天下宁，拔去眼前丁。"又生一秦：秦末陈胜派武臣安抚赵地，武臣自立为王，陈胜想攻打他，相国房君说："秦未亡而攻打武臣，是又生出一秦朝。"意即又增加一个仇人。

⑱属垣有耳：有人把耳朵贴在墙上偷听的意思。无谓秦无人：秦王赶走了有才能的士会后，秦国大臣绕朝对士会说："不要说秦国无人，只是我的计策得不到采纳罢了。"

⑲桀：夏朝的最后一位君主，十分残暴。得陇望蜀：曹操在得到汉中后说："人苦无足，既得陇，复望蜀。"

⑳器满则倾：孔子曾说："我听说一种容器，空的时候歪斜，装得合适时就端正，装满就倾倒，英明的君主放在座位旁作为鉴诫。"

⑩⑴诙谐：说话幽默。

⑩⑵谗口交加，市中可信有虎：谗言纷纷，就会让人相信街上真的有老虎。众奸鼓衅，聚蚊可以成雷：众多的奸人制造间隙，就像蚊虫的声音可以聚集成雷声。

⑩⑶萋斐成锦：《诗经》中有"萋兮菲兮，成是贝锦，彼谮人者，亦已太过"的句子，意思是说花纹交错，织成像贝一样的

锦，那些谮人说坏话，已经太过份了。含沙射影：传说有一种叫蜮的动物，能含沙射人的影子，让人得病。

⑩④针砭：古代治病用的银针和砭石。

⑩⑤李义府：唐朝宰相，容貌温和，与人说话必定微笑，而心中狡诈阴险。人称笑里藏刀。

⑩⑥代庖：指代人做事。庖，厨师。《庄子》："庖人虽不治庖，尸祝不越樽俎而代之矣。"借箸：借筷子，指代人筹划。汉代张良在刘邦吃饭时，向刘邦献计，说："请借前箸，为大王筹之。"

⑩⑦卧榻之侧，岂容他人鼾睡：南唐后主李煜派徐弦向宋求缓师，宋太祖说："卧榻之侧，岂容他人鼾睡。"胡越一家：唐太宗在未央宫设宴，高祖命突厥可汗起舞、南蛮冯智载咏诗，笑着说："胡越一家，自古未有也。"

⑩⑧ 以吕易嬴：以吕家的儿子换得嬴家的天下。吕不韦把一个怀了自己儿子的女子献给秦庄襄王生下嬴政，即后来的秦始皇。以牛易马：晋代琅琊王妃与小吏牛金私通生下司马睿，就是晋元帝，虽然姓司马，实际是姓牛，故曰以牛易马。

⑩⑨中宗亲为点筹于韦后：唐中宗的皇后韦后与武三思私通，韦后与武三思赌钱，中宗亲自为她点筹码。明皇赐洗儿钱于贵妃：杨贵妃认安禄山为干儿子，明皇赐给洗儿钱。实际安禄山与杨贵妃关系暧昧。

⑪⓪非类相从，不如鹑鹊：不是同一类在一起，不如鹑鹊。鹑鹊，一种鸟，据说雌雄之间很忠诚。父子同牝，谓之聚麀：

父子同占有一个女人，称为聚麀。麀，母鹿。据说母鹿性淫，常与很多公鹿发生性关系。

⑪野合：不合礼仪的婚配。

⑫淑：善。慝：恶。

饮食

原文

甘脆肥脓，命曰腐肠之药；羹藜含糗，难语太牢之滋[1]。御食曰珍馐[2]，白米曰玉粒。好酒曰青州从事，次酒曰平原督邮[3]。鲁酒、茅柴，皆为薄酒；龙团、雀舌[4]，尽是香茗。待人礼衰，曰醴酒不设；款客甚薄，曰脱粟相留[5]。竹叶青、状元红，俱为美酒；葡萄绿、珍珠红，悉是香醪[6]。五斗解酲，刘伶独溺于酒；两腋生风[7]，卢仝偏嗜乎茶。茶曰酪奴[8]，又曰瑞草；米曰白粲，又曰长腰。太羹玄酒，亦可荐馨；尘饭涂羹，焉能充饿[9]。酒系杜康所造，腐乃淮南所为[10]。僧谓鱼曰水梭花，僧谓鸡曰穿篱菜[11]。临渊羡鱼，不如退而结网；扬汤止沸[12]，不如去火抽薪。羔酒自劳，田家之乐；含哺鼓腹，盛世之风[13]。人贪食曰徒铺啜，食不敬曰嗟来食[14]。多食不厌，谓之饕餮之徒；见食垂涎，谓有欲炙之色[15]。未获同食，曰向隅；谢人赐食，曰饱德[16]。安步可以当车，晚食可以当肉[17]。饮食贫难，曰半菽不饱[18]；厚恩图报，曰每饭不忘。谢扰人曰兵厨之扰，谦待薄曰草具之陈[19]。白饭青刍，待仆马之厚；炊金馔玉，谢款客之隆[20]。家贫待客，但知抹月披风；冬月邀宾，乃曰敲冰煮茗[21]。君侧元臣，若作酒醴之曲糵；朝中冢宰，若作和羹之盐梅[22]。宰肉甚均，陈平见重于父老；戛羹示尽，邱嫂心厌乎汉高[23]。毕卓为吏部而盗酒，逸兴太豪；越王爱士卒而投醪，战气百倍[24]。惩羹吹齑[25]，谓人惩前警后；酒囊饭袋，谓人少学多餐。隐逸之士，漱石枕流；沉湎之夫，藉糟枕曲[26]。昏庸桀纣，胡为酒池肉林；苦学仲淹，惟有断齑画粥[27]。

注释

①甘脆肥脓，命曰腐肠之药：甜的、脆的、肥的、厚的这样美味可口的食物，称为腐肠之药。因为美味食物不符合古代节俭的思想，故如是说。羹藜含糗，难语太牢之滋：吃粗粮野菜这样食物的人，难以说出太牢的滋味。羹藜含糗是指穷人吃的食物，太牢是祭祀时烹调的牛肉，属美味。

②珍馐：珍奇美味的食物。

③青州从事、平原督邮：晋代桓温手下有位主簿把好酒叫青州从事，次酒叫平原督邮。因为青州有齐郡，齐与脐同音，好酒直到脐下；平原有鬲县，鬲与膈同音，恶酒只到膈下。

④鲁酒：春秋时，楚国大会诸侯，鲁国献的酒味道不好。茅柴：指酒味道就像茅柴烧过一样。龙团、雀舌：古代茶叶的名称。

⑤醴酒：甜酒。脱粟：没有舂过的米。

⑥香醪：香醇的酒。

⑦五斗解酲：晋代刘伶嗜酒，故对妻子戏言："喝五斗酒才能解酒醉。"酲，喝醉酒。两腋生风：唐代诗人卢仝爱喝茶，曾说："喝过了茶就能两腋生风。"

⑧酪奴：茶的别名。

⑨太羹玄酒，亦可荐馨：传说尧以肉汁作羹，没有盐等调味品，称为太羹。玄酒，祭祀用的水。尘饭涂羹：儿童游戏时用土做的饭和汤。

⑩杜康：《博物志》载，杜康造酒。腐乃淮南所为：豆腐是汉代淮南王发明的。

⑪水梭花、穿篱菜：《东坡志林》载，僧谓酒为般若汤，鱼为水梭花，鸡为穿篱菜。

⑫扬汤止沸：将开水搅动止住沸腾。比喻达不到目的。

⑬含哺鼓腹，盛世之风：含着食物敲着肚子，这是盛世的风气。

⑭徒铺馔：只是会吃喝。嗟来食：齐国大饥，黔敖用食物赈济饥民，有个受饿的人走过来，黔敖说："嗟，来食。"那人说："我就是不吃'嗟来之食'，才落得这个样子。"黔敖向他道歉，但他最后不食而饿死。

⑮饕餮之徒：贪婪的家伙。饕，贪财；餮，贪吃。欲炙之色：想吃肉的样子。晋代顾荣与同僚喝酒，看见送肉的人想吃肉的样子，就将自己的一份送给他吃了。

⑯向隅：对着墙角。饱德：《诗经》中有"既醉以酒，既饱以德"的句子。指饱受恩德。

⑰安步：缓慢地行走。晚食：慢慢吃。

⑱半菽：食物中掺杂一半菽豆。菽，豆子。

⑲兵厨之扰：晋代阮籍嗜酒，听说步兵厨房里贮有三百

斛酒，就申请当步兵校尉。草具之陈：装蔬菜的餐具，指款待微薄。《史记》载，项羽派遣使者到刘邦营中，陈平行反间计，开始上的是太牢之具（装肉的餐具），见到是项羽的使者后，就装作说："我还以为是范增的使者，原来是项羽派来的。"于是换上草具（装菜的餐具）以进。

⑳白饭青刍：指给仆人吃白饭，给马吃青草。炊金馔玉：做出金玉样的美食。

㉑抹月披风：苏东坡有"家无以娱客，但知抹月披风"的诗句。表示家贫无以待客。敲冰煮茗：唐代王休冬天取冰煮茶款待客人。

㉒君侧元臣，若作酒醴之曲蘖：君主身边的大臣，就像作酒用的曲。元臣，大臣。朝中冢宰，若作和羹之盐梅：朝廷中的宰相，就像调味用的盐和梅。和羹，调和羹汤。

㉓宰肉甚均：汉代陈平在乡中分肉非常平均，深得乡中父老的信任。戛羹示尽：刘邦到嫂子家，嫂子正在吃肉羹，见刘邦到来，就刮盆底假装没有了。刘邦因此怨恨嫂子，当皇帝后封侄儿为羹颉侯。

㉔毕卓：晋代毕卓担任吏部郎，邻居家酿酒，他去偷喝，结果醉卧在酒瓮旁。越王爱士卒而投醪：越王勾践曾把酒倒在河上游，让士兵迎着河水饮酒，士兵因此感动，无不献身。

㉕惩羹吹齑：被热汤烫过以后吃咸菜也要先吹一吹。比喻过于谨慎。齑，细切的冷食。

㉖漱石枕流：用石头漱口，用流水作枕，借喻隐居。晋代孙楚少年时想隐居，对王武子说"将枕石漱流"，结果误说成枕流漱石。王武子说："流水可以枕，石头可以漱口吗？"孙楚辩解说："所以枕流，是为了洗耳；漱石，是为了磨利牙齿。"沉湎之夫，藉糟枕曲：沉溺于酒的人，靠着酒糟、枕着

酒曲。

㉗桀纣：指夏桀和商纣，分别是夏朝和商朝的最后一位君主，十分荒淫，建酒池肉林，在里面吃喝玩乐。断齑画粥：宋代大臣范仲淹小时候家中很穷，每天煮粥待凝固后划成四块，早晚各取两块，就着咸菜吃。

宫室

原文

洪荒之世，野处穴居；有巢[1]以后，上栋下宇。竹苞松茂，谓制度之得宜；鸟革翚飞[2]，谓创造之尽善。朝廷曰紫宸，禁门曰青锁[3]。宰相职掌丝纶，内居黄阁；百官具陈章疏，敷奏丹墀[4]。木天署学士所居[5]，紫薇省中书所莅。金马、玉堂，翰林院宇；柏台、乌府，御史衙门[6]。布政司称为藩府，按察司系是臬司[7]。潘岳[8]种桃于满县，人称花县；子贱鸣琴以治邑，故曰琴堂。潭府是仕宦之家，衡门乃隐士之宅[9]。贺人有喜，曰门阑蔼瑞；谢人过访，曰蓬荜生辉[10]。美奂美仑，礼称屋宇之高华；肯构肯堂[11]，书言父子之同志。土木方兴，曰经始[12]；创造已毕，曰落成。楼高可以摘星，屋小仅堪容膝[13]。寇莱公庭除之外，只可栽花；李文靖厅事之前，仅容旋马[14]。恭贺屋成，曰燕贺；自谦屋小，曰蜗庐[15]。民家名曰闾阎，贵族称为阀阅[16]。朱门[17]乃富豪之第，白屋是布衣之家。客舍曰逆旅，馆驿曰邮亭；书室曰芸窗，朝廷曰魏阙[18]。成均、辟雍，皆国学之号；黉宫、胶序，乃乡学之称[19]。笑人善忘，曰徙宅忘妻；讥人不谨，曰开门揖盗[20]。何楼所市，皆滥恶之物；垄断独登，讥专利之人[21]。荜门、圭窦，系贫士之居；瓮牖、绳枢[22]，皆窭人之室。宋寇准真是北门锁钥，檀道济不愧万里长城[23]。

注释

①有巢：指有巢氏，相传有巢氏架屋为巢，缀叶为衣。

②竹苞松茂、鸟革翚飞：指如松竹一样茂盛，像野鸡毛一样漂亮。这都是《诗经》中的句子，形容房屋建造得好。

③紫宸：皇帝住的地方，汉代有紫宸殿。青琐：宫中的禁门，用青色涂抹。

④丝纶：指皇帝的诏书。敷奏丹墀：在丹墀下递交奏章。丹墀，指宫中的台阶，用丹朱(红色)色涂抹，故称丹墀。

⑤木天署：唐代秘书阁穹窿高敞，称为木天。后以木天署称翰林学士官署。

⑥金马、玉堂：汉代有金马门，学士常聚集于此。宋代苏易简任翰林学士，宋太祖书写玉学之署赐给他，故后以金马、玉堂指翰林院。柏台、乌府：汉代朱博为御史，府中有柏树，树上有乌鸦，故后来以柏台、乌府称御史衙门。

⑦藩府：作为王室屏障的意思。臬司：执法司。

⑧潘岳：西晋著名文学家，曾为河阳县令。

⑨潭府：《韩符诗》有“潭潭府中居”之句，形容深宅大

院。衡门:门上有一根横木。以此形容简陋之家。

⑩门阑蔼瑞:指门庭充满吉祥。蓬荜:柴门。

⑪美奂美仑:形容高大宽敞明亮。《礼记》载:“晋献子成室。张老曰:‘美哉仑焉,美哉奂也。’”

⑫经始:指开始。《诗经》中有“经始灵台”句。

⑬容膝:容得下膝盖。

⑭寇莱公:指宋代宰相寇准,他的庭院很小,只能栽花。李文靖:宋代宰相李文靖,厅堂很小,只能容得下一匹马转身。

⑮燕贺:燕雀都来祝贺房屋落成。蜗庐:蜗牛的壳。

⑯闾阎:里巷的门,指老百姓。阀阅:有等级为阀,有功为阅,阀阅指贵族。

⑰朱门:富豪之家一般用红色涂门。

⑱逆旅:逆,迎接。旅,众人。芸:香草。

⑲成均、辟雍:唐代曾将国子学改名为成均;古代天子学称辟雍。黉宫、胶序:周代学校名。

⑳徙宅:搬家。揖盗:把强盗请进门。

㉑何楼所市:何楼里卖出的东西。何楼:宋代京城里有何氏,楼下所卖的东西多是伪劣之物。垄断:土冈高而不相连者,称为垄断,后指独占。

㉒荜门、圭窦:竹编的门和墙上挖的小门。瓮牖、绳枢:以瓦瓮作窗,以绳子系的门轴。

㉓北门锁钥:宋代寇准自称为守卫北门的锁钥。檀道济:南宋大臣,受冤被诛时说:“这是毁坏自己的万里长城。”

器用

原文

一人之所需，百工斯为备。但用则各适其用，而名则每异其名。管城子、中书君，悉为笔号；石虚中、即墨侯[1]，皆为砚称。墨为松使者，纸号楮先生[2]。纸曰剡藤，又曰玉版；墨曰陈玄，又曰龙剂[3]。共笔砚，同窗[4]之谓；付衣钵，传道之称。笃志业儒，曰磨穿铁砚；弃文就武，曰安用毛锥[5]。剑有干将镆铘之名，扇有仁风便面之号[6]。何谓箑，亦扇之名；何谓籁，有声之谓[7]。小舟名蚱蜢，巨舰曰艨艟[8]。金根是皇后之车，菱花乃妇人之镜[9]。银凿落原是酒器，玉参差乃是箫名[10]。刻舟求剑，固而不通；胶柱鼓瑟[11]，拘而不化。斗筲言其器小[12]，梁栋谓是大材。铅刀无一割之利，强弓有六石之名[13]。杖以鸠名，因鸠喉之不噎；钥同鱼样，取鱼目之常醒[14]。兜鍪系是头盔，叵罗乃酒器[15]。短剑名匕首，毡毯曰氍毹[16]。琴名绿绮、焦桐，弓号乌号、繁弱[17]。香炉曰宝鸭，烛台曰烛奴。龙涎、鸡舌[18]，悉是香名；鹢首、鸭头，别为船号。寿光客，是妆台无尘之镜；长明公，是梵堂不灭之灯[19]。桔槔是田家之水车，褦襶是农夫之雨具[20]。乌金，炭之美誉；

忘归[21]，矢之别名。夜可击，朝可炊，军中刁斗；云汉热，北风寒，刘褒画图[22]。勉人发愤，曰猛著祖鞭；求人宥罪，曰幸开汤网[23]。拔帜立帜，韩信之计甚奇；楚弓楚得，楚王所见未大[24]。董安于性缓，常佩弦以自急；西门豹性急，常佩韦以自宽[25]。汉孟敏尝堕甑不顾[26]，知其无益；宋太祖谓犯法有剑，正欲立威。王衍清谈，常持麈尾；横渠讲易，每拥皋比[27]。尾生抱桥而死，固执不通；楚妃守符而亡，贞信可录[28]。温峤昔燃犀，照见水族之鬼怪；秦政有方镜，照见世人之邪心[29]。车载斗量之人，不可胜数；南金东箭[30]之品，实是堪奇。传檄可定，极言敌之易破；迎刃而解，甚言事之易为[31]。以铜为鉴，可正衣冠[32]；以古为鉴，可知兴替。

注释

①管城子、中书君：毛笔封在竹管中，又是书写的工具，故戏称为管城子、中书君。石虚中、即墨侯：指砚台。

②松使者：墨是用松树的墨烟熏成的，故称松使者。唐玄宗用的墨叫龙香剂，一天看见墨上有像苍蝇那么大的小道士在行走，就呵叱一声，小道士连呼万岁，说："我是墨的精灵，松使者。"楮先生：楮树皮是造纸的原料，故称纸为楮先生。

③剡藤、玉版：剡溪的藤，造出的纸极美，故纸称剡藤；成都浣花溪，造出的纸光滑，称为玉版。陈玄、龙剂：玄光，就是墨色；龙剂，唐玄宗用的墨。

④同窗：同学。

⑤磨穿铁砚：五代时桑维翰因姓与“丧”谐音，屡次应举不中，于是铸了一个铁砚，发誓铁砚磨穿才改业，后来果然中进士。毛锥：毛笔。

⑥干将镆铘：春秋时干将、镆铘夫妇铸剑，三年乃成，雄剑称为干将，雌剑称为镆铘，也称莫邪。仁风便面：扇子的别名。仁风指仁德之风；便面的意思是用扇子挡住脸，可以不使人看见。

⑦箑：传说古代有一种吉祥草叫箑，叶子自动扇风。后以箑指扇。籁：各种声音。

⑧蚱蜢：一种小而轻的虫子。艨艟：大战船。

⑨金根：用金装饰的车。菱花：古代镜子背面有菱花图案，故菱花代指镜。

⑩凿落：唐代称杯为凿落。玉参差：箫长短参差不齐，故用玉参差指箫。

⑪胶柱鼓瑟：将瑟上的柱用胶粘住，就不能弹出优美的旋律。

⑫斗、筲：都是容器。筲是半斗。

⑬铅刀：用铅作的刀，很软。六石之名：晋朝羊祜拉的弓要用六石的力气才能拉得开。

⑭杖以鸠名：手杖称为鸠杖，据说是因为鸠吃东西不会噎着，以提醒老人吃饭慢一点。钥同鱼样：古代的锁和鱼外形一样，据说是取自鱼常睁着眼，以提醒人们注意的意思。

⑮叵罗：喝酒的器具。李白有诗：“葡萄酒，金叵罗，吴姬十五醉马驮。”

⑯氍毹：毛织的地毯。

⑰绿绮、焦桐：汉代司马相如的琴叫绿绮。汉末蔡邕用尾部烧焦的桐木制琴，称焦尾琴。乌号、繁弱：柘树上常有乌鸦聚集，赶走时乌鸦号呼，用柘树做的弓因此称为乌号。繁弱是地名，出产的弓很硬。

⑱龙涎、鸡舌：龙涎香是香鲸的分泌物；鸡舌香即丁香。

⑲寿光客：隋代御史王度有宝镜，有病者照之即痊愈。梵堂：佛堂。

⑳褦襶：蓑衣。

㉑忘归：去而忘返，指箭。

㉒刁斗：用铜制作，古代军队夜间用来打更，白天做饭。刘褒画图：汉代刘褒画《云汉图》，观看的人都感到热，又画《北风图》，观看的人都感到凉。

㉓猛著祖鞭：晋代刘琨与祖逖要好，曾给好友写信说：“我立志驱除南犯的敌人，只恐祖逖的马鞭打到我前面。”汤网：商汤看见有猎人捕鸟，四面用网围住，就说：“这是夏桀的做法。”于是去掉三面，只留一面。诸侯听说了，赞叹说：“商汤的仁慈兼及禽兽，真是德行高尚啊。”

㉔拔帜立帜：韩信打仗时，曾要求部下将敌人阵地的旗帜全部换成自己的旗帜，结果使敌人大败。楚弓楚得：楚王的弓丢失了，手下人要求去找。楚王说：“楚人丢失了弓，还不是楚人拾到了，何必去找呢？”

㉕董安于：战国时人，常佩着弓弦以提醒自己保持紧张。西门豹：战国时人，常佩着牛皮以提醒自己不要性急。

㉖堕甑不顾：汉代孟敏曾把甑掉在地上，头也不回就走了，别人问他为什么，他说："甑已经摔破了，看有何益？"甑，古代熏饭的一种瓦器。

㉗王衍：晋代人，终日清谈，常拿着拂尘。横渠：宋代张载，号横渠。每拥皋比：常常坐在虎皮坐椅中。皋比：虎皮坐垫。

㉘尾生抱桥而死：《抱朴子》载，尾生和一个女子在蓝桥下约会，女子没有来，忽然涨水，尾生为了守信抱着桥柱，结果被淹死。楚妃：楚昭王出游时，将夫人留在渐台，和她约定说，一定派人拿着信符来接她。当楚王派人来接时，使者忘记带信符，夫人不敢随往，结果涨水被淹死。

㉙温峤：晋代人，传说他曾点燃犀牛角照见水中的鬼怪。秦政：即秦始皇，传说他有一面方镜，能照见有邪心的人。

㉚南金东箭：古代东南地区竹箭很好，西南地区的金矿很好，称南金东箭。晋代顾荣、纪瞻等人品行很好，被誉为南金、东箭。

㉛传檄可定：韩信曾说，三秦地区传一道檄文就可以平定了。迎刃而解：晋代杜预进攻吴国时说："现在的形势就像劈竹子，破开数节以后，就可以迎刃而解了。"

㉜以铜为鉴，可正衣冠：以铜作镜子，可以端正人的衣帽。古代的镜子是用铜磨制的。

珍　宝

原文

山川之精英，每泄为至宝；乾坤之瑞气，恒结为奇珍；故玉足以庇嘉谷，珠可以御火灾[1]。鱼目岂可混珠，碔砆[2]焉能乱玉。黄金生于丽水，白银出自朱提[3]。曰孔方、曰家兄，俱为钱号，曰青蚨、曰鹅眼[4]，亦是钱名。可贵者明月夜光之珠，可珍者璠玙琬琰之玉[5]。宋人以燕石为玉，什袭缇巾之中；楚王以璞玉为石，两刖卞和之足[6]。惠王之珠，光能照乘；和氏之璧，价重连城[7]。鲛人泣泪成珠，宋人削玉为楮[8]。贤乃国家之宝，儒为席上之珍[9]。王者聘贤，束帛加璧；真儒抱道，怀瑾握瑜[10]。雍伯多缘，种玉于蓝田而得美妇；太公奇遇，钓璜于渭水而遇文王[11]。剖腹藏珠，爱财而不爱命；缠头[12]作锦，助舞而更助娇。孟尝廉洁，克俾合浦还珠；相如忠勇，能使秦廷归璧[13]。玉钗作燕飞，汉宫之异事；金钱成蝶舞[14]，唐库之奇传。广钱固可以通神，营利乃为鬼所笑[15]。以小致大，谓之抛砖引玉；不知所贵，谓之买椟还珠[16]。贤否罹害，如玉石俱焚；贪婪无厌，虽锱铢必算[17]。崔烈以钱买官，人皆恶其铜臭；秦嫂不敢视叔，自言畏其多金[18]。熊衮父亡，

天乃雨钱助葬；仲儒家窘[19]，天乃雨金济贫。汉杨震畏四知而辞金，唐太宗因惩贪而赐绢[20]。晋鲁褒作《钱神论》，尝以钱为孔方兄；王夷甫口不言钱，乃谓钱为阿堵物[21]。然而床头金尽，壮士无颜；囊内钱空，阮郎羞涩[22]。但匹夫不可怀璧[23]，人生孰不爱财。

注释

①玉足以庇嘉谷，珠可以御火灾：玉可以保佑获得好收成，珠可以防止火灾。古代人认为珠玉等是山川精华泄露出来的，可以防灾得福。

②碔砆：像玉的石头。

③丽水：指金沙江，出产金沙。朱提：朱提山，在四川西部，出产白银。

④孔方、家兄：晋代鲁褒曾写《钱神论》，称钱"亲之如兄，字曰孔方"。青蚨：《搜神记》中记载的一种虫子，据说捉住母虫，子虫就飞来，捉住子虫，母虫就飞来，将母虫和子虫的血涂在八十一文钱上，无论是先用母钱或先用子钱，都会往复飞回来。鹅眼：宋代沈庆通家私铸的钱，一千文穿起来还不到三寸长，被称为鹅眼钱。

⑤璠、玙、琬、琰：都是美玉的名字。

⑥宋人以燕石为玉，什袭缇巾之中：宋国有一个人把燕石当作玉，用十重黄色的丝巾包藏起来。缇巾，黄色丝巾。卞和：楚国人，得到一块璞玉，献给楚王，结果楚厉王和楚武王都认为是欺骗自己，砍去了他的双足，后来文王相信了卞和，剖开璞玉，果真得到一块美玉，起名为"和氏璧"。

⑦息王：战国时魏惠王，曾吹嘘自己有玉能照亮前后十二乘车。和氏之璧，价值连城：和氏璧被赵国得到后，秦国曾想用十五座相连的城来换取它。

⑧鲛人泣泪成珠：《博物志》载，水国鲛人的泪滴可以变成珍珠。削玉为楮：传说宋国人用玉刻削成楮树叶，放在真楮树叶中很难分辨真假。

⑨儒为席上之珍：孔子曾说，儒者就像席上的珍宝一样等待人来聘用。

⑩王者聘贤，束帛加璧：汉武帝派人带束帛和玉璧聘请申公到朝廷来任职。真儒抱道，怀瑾握瑜：真正的儒者坚持真理，就像怀里拥着瑾，手中握着瑜一样。瑾、瑜，都指美玉。

⑪太公奇遇，钓璜于渭水而遇文王：传说姜太公在渭水边钓鱼，从鱼腹中得到璜玉，上面有“周受命，吕佐之”六字。后来在渭水边遇到文王，就辅佐文王成就大业。

⑫缠头：舞女缠在头上的装束，也指赠给舞女的锦帛及钱财。

⑬合浦还珠：广西合浦产珍珠，因太守贪欲无度，珍珠都迁移走了，后来孟尝担任太守，十分廉洁，珍珠慢慢又迁回来了。相如：指蔺相如，赵国相国，曾出使秦国，为赵国保住了和氏璧。

⑭玉钗作燕飞：汉武帝时有两仙女赠玉钗，汉武帝送给赵婕妤，宫人想打碎玉钗，结果玉钗变成白燕飞天而去。金钱成蝶舞：唐穆宗时，宫中牡丹花开放，有黄色、白色的蝴蝶数万在花间飞舞，皇帝命令张网捕捉，得到数百只，仔细一

看，原来是府库的金钱。

⑮广钱固可以通神：唐代张延断案，有人送他一万钱，请他不要过问此事，张延不理会，第二天，有人又送十万钱，张延说："十万钱可以买通神灵，我担心遭受灾祸，不能不停止了。"营利乃为鬼所笑：南朝刘伯龙担任官职，家中很穷，想赚点钱，旁边有一个鬼拍手大笑，刘伯龙叹息说："贫穷是命，今天被鬼笑话。"

⑯买椟还珠：楚国有人用精美的木匣装着珍珠卖，郑国有一个人买走了匣子而将匣中的珍珠还给了他。

⑰贤否罹害：贤人和不贤的人受害。否，指不贤的人。锱铢：极小的重量单位。

⑱崔烈：汉代人，用五百万钱买了一个司徒的官职，结果儿子崔均对他说："外面的人都说你有铜臭味。"秦嫂：指战国时苏秦的嫂子。传说苏秦潦落时，嫂子不给他做饭，受到赵王重用后，嫂子跪在地上也不抬头见他，苏秦问她为何，嫂子说："因为你地位高，钱非常多。"

⑲熊衮：唐代御史，奉公守法，家无积蓄。父亲死后，上天降下十万钱帮他安葬。仲儒：翁仲儒家贫，上天降下十斛金给他家，因此他可以与王侯比富。

⑳杨震：汉代人，曾经推举王密为邑令，王密晚上带着金子赠给他，说："黑夜无人知道。"杨震说："天知地知，你知我知，何谓无知。"王密羞愧地走了。惩贪而赐绢：唐代长孙顺德接受别人赠给的绢，事情被发觉后，唐太宗又赐给绢十匹，使他羞愧难当。

㉑阿堵物：晋代王夷甫口中不说钱字，称阿堵物。阿堵物，就是“那个东西”的意思。

㉒囊内钱空，阮郎羞涩：晋代阮孚带一个布囊游会稽，有人问他包中是何物，阮孚说：“只有一文钱看包，恐怕它羞涩。”

㉓匹夫不可怀璧：意思是说怀璧会让人忌妒。

贫 富

原文

命之修短[①]有数，人之富贵在天。惟君子安贫，达人知命[②]。贯朽粟陈，称羡财多之谓；紫标黄榜，封记钱库之名[③]。贪爱钱物，谓之钱愚；好置田宅，谓之地癖[④]。守钱虏[⑤]，讥蓄财而不散；落魄夫，谓失业之无依。贫者地无立锥，富者田连阡陌[⑥]。室如悬磬，言其甚窘；家无儋石，谓其极贫[⑦]。无米曰在陈[⑧]，守死曰待毙。富足曰殷实，命蹇曰数奇[⑨]。甦涸鲋，乃济人之急；呼庚癸，是乞人之粮[⑩]。家徒壁立，司马相如之贫；扊扅为炊[⑪]，秦百里奚之苦。鹄形[⑫]菜色，皆穷民饥饿之形；炊骨爨骸，谓军中乏粮之惨。饿死留君臣之义，伯夷叔齐；资财敌王公之富，陶朱倚顿[⑬]。石崇杀妓以侑酒，恃富行凶；何曾一食费万钱[14]，奢侈过甚。二月卖新丝，五月粜新谷，真是剜肉医疮；三年耕而有一年之食，九年耕而有三年之食，庶几遇荒有备[15]。贫士之肠习藜苋，富人之口厌膏粱[16]。石崇以蜡代薪，王恺以饴沃釜[17]。范丹釜中生鱼，破甑生尘；曾子捉襟见肘[18]，纳履决踵。子路衣敝缊袍，与轻裘立，贫不胜言；韦庄数米而炊，称薪而爨，俭有可鄙[19]。总之，饱德之士，不愿膏粱；闻誉之施，奚图文绣[20]？

注释

①修短：长短。

②安贫：安于贫困。达人：通达的人。

③贯朽粟陈：穿钱的绳子烂了，仓库的粟米放陈了。贯，穿钱的绳子。紫标黄榜：梁武帝爱钱，每百万为一堆，挂上黄榜，每千万作一库，挂上紫标。

④钱愚：晋代和峤担任太傅，富比王侯，但是很吝啬，杜预称他为“钱愚”。地癖：唐李恺善于置办田产，人称“地癖”。

⑤守钱虏：汉代马援发财后，将其钱财全部分给亲朋好友，说：“挣了钱，贵在能施舍予人，否则只是守钱虏罢了。”

⑥阡陌：田间的道路。

⑦悬磬：悬着的磬。磬，石制或玉制的乐器，很光滑。儋石：古代容量单位，一石是十斗，两石为一儋。指粮食很少。

⑧在陈：指孔子在陈被困之事。楚国派人聘请孔子，孔子前往楚国，经过陈蔡时，被陈蔡出兵相阻，孔子不能通过，断粮七天。

⑨殷实：指积蓄多而充足。命蹇曰数奇：运气不好，称数奇。数奇，命数单而不偶合。

⑩苏涸鲋：使干涸的鲋鱼苏醒。庚癸：指粮食。古代军队中曾用庚癸作为暗语代指粮食。

⑪扊扅为炊：用关门的横木烧饭。指家贫。

⑫鹄形：像野鹅的样子，指瘦弱。

⑬陶朱倚顿：陶朱，指范蠡，曾积累财产百万，自号陶朱公。倚顿：山东的贫士，听说陶朱公会致富，前往请教致富之术，后来倚顿按陶朱公的指点去做，很快致富。

⑭杀妓以侑酒：晋代石崇让美人劝王敦饮酒，王敦不喝，结果石崇杀掉了两个美人。一食费万钱：晋代何曾一顿饭花费万钱，还说无处下筷。

⑮本句是指农夫蚕户的痛苦和理想。

⑯藜苋：指藜草和苋菜。膏粱：指肥肉和优质米。

⑰以蜡代薪：晋代石崇曾用蜡代替木柴。以饴沃釜：晋代王恺曾用糖洗锅。

⑱范丹：汉代人，家中很穷，灶中长出小虫子，锅中积满灰尘。曾子：孔子的弟子，很穷，拉衣襟露出胳膊，拉鞋子露出脚后跟。

⑲韦庄：唐代人，生性很吝啬。薪：柴火。爨：烧火煮饭。

⑳饱德：心中充满仁德。奚：何必。

疾病死丧

原文

福寿康宁，固人之所同欲；死亡疾病，亦人所不能无。惟智者能调，达人自玉[1]。问人病曰贵体违和，自谓疾曰偶沾微恙[2]。罹病者，甚为造化小儿所苦；患病者，岂是实沈台骀为灾[3]。病不可为，曰膏肓[4]；平安无事，曰无恙。采薪之忧，谦言抱病；河鱼之患，系是腹疾[5]。可以勿药，喜其病安；厥疾弗瘳[6]，言其病笃。疟不病君子，病君子正为疟耳[7]；卜所以决疑，既不疑复何卜哉。谢安梦鸡而疾不起，因太岁之在酉；楚王吞蛭而疾乃痊[8]，因厚德之及人。将属纩、将易箦，皆言人之将死；作古人、登鬼箓，皆言人之已亡[9]。亲死则丁忧，居丧则读礼[10]。在床谓之尸，在棺谓之柩[11]。报丧书曰讣，慰孝子曰唁[12]。往吊曰匍匐，庐墓曰倚庐[13]。寝苫枕块[14]，哀父母之在土；节哀顺变，劝孝子之惜身。男子死曰寿终正寝，女人死曰寿终内寝[15]。天子死曰崩，诸侯死曰薨，大夫死曰卒，士人死曰不禄，庶人死曰死，童子死曰殇。自谦父死曰孤子，母死曰哀子，父母俱死曰孤哀子。自言父死曰失怙，母死曰失恃[16]，父母俱死曰失怙恃。父死何谓考？

考者，成也，已成事业也；母死何谓妣？妣者，媲也，克媲父美也[17]。百日内曰泣血，百日外曰稽颡[18]。期年曰小祥，两期曰大祥[19]。不缉曰斩衰，缉之曰齐衰，论丧之有轻重；九月为大功，五月为小功[20]，言服之有等伦。三月之服曰缌麻，三年将满曰禫礼[21]。孙承祖服，嫡孙杖期；长子已死，嫡孙承重[22]。死者之器曰明器[23]，待以神明之道；孝子之杖曰哀杖，为扶哀痛之躯。父之节在外，故杖取乎竹[24]；母之节在内，故杖取乎桐。以财物助丧家，谓之赙；以车马助丧家，谓之赗；以衣殓死者之身，谓之襚；以玉实死者之口，谓之琀。送丧曰执绋，出柩曰驾輀[25]。吉地曰牛眠地，筑坟曰马鬣封[26]。墓前石人，原名翁仲；柩前功布，今日铭旌[27]。挽歌始于田横，墓志创于傅奕[28]。生坟曰寿藏[29]，死墓曰佳城。坟曰夜台，圹曰窀穸[30]。已葬曰瘗玉，致祭曰束刍[31]。春祭曰禴，夏祭曰禘，秋祭曰尝，冬祭曰烝。饮杯棬而抱痛，母之口泽如存；读父书以增伤，父之手泽未泯[32]。子羔悲亲而泣血，子夏哭子而丧明[33]。王裒哀父之死，门人因废《蓼莪》诗；王修哭母之亡，邻里遂停桑柘社[34]。树欲静而风不息，子欲养而亲不在，皋鱼增感；与其椎牛而祭墓，不如鸡豚之逮存，曾子兴思。故为人子者，当思木本水源，须重慎终追远。

注释

①智者能调：智者能够调和身心。达人自玉：通达的人会自我珍重。

②违和：不调和。微恙：小毛病。

③罹病者，甚为造化小儿所苦：遭遇疾病的人被造化小儿所折磨。罹，遭遇。实沈、台骀：传说中的参神、汾神，能使人生病。

④膏肓：膏，指心下的部位。肓，古指人体内心脏下隔膜上的部位。

⑤采薪之忧：意思是患病不能打柴。河鱼之患：因为鱼腐烂是从内至外，故用河鱼之患指腹泻。

⑥厥疾弗瘳：那病不容易好。瘳，病好。

⑦疟不病君子，病君子正为疟耳：晋朝有一小儿的父亲病了，有人问他："你父亲是有品德的君子，怎么会得疟疾呢？"小儿说："正因为他让君子患病，所以才叫疟疾。"

⑧谢安梦鸡：晋代谢安梦见乘坐桓温的车走了十六里，看见一只白鸡就停下来了，不知何意。后来谢安接替桓温担任宰相，过了十六年忽然得病，谢安才悟到说："原来十六里意味着十六年，见到白鸡而停止，是意味着酉年，我将一病不起了。"不久果然病死了。楚王吞蛭：楚王吃饭时吃出一条水蛭来，想吐掉又怕厨师因此获罪，就勉强吞进去了，结果得了病，令尹知道了其中的缘故，就对楚王说："大王有这样的德行，此病不会有什么伤害。"后来果然好了。

⑨属纩：将绵放在人鼻下，检查是否断气。易箦：换下竹席。鬼箓：鬼的名册。

⑩丁忧：遭遇忧伤，指居丧。读礼：《礼记》中载，死者未葬时读葬礼，既葬则读祭礼。

⑪柩：装了尸体的棺材。

⑫讣:报丧的文告。唁:慰问死者家属。

⑬匍匐:爬行,指前往吊丧。倚庐:古代在父母墓边搭小屋居住以守墓,称为倚庐。

⑭寝苫枕块:睡在草席上,枕着土块。

⑮寿终正寝、寿终内寝:古代男子将要死时,就移到正厅东首,以候气绝;如果是女子仍然躺在内室。正寝,正厅;内寝,内室。

⑯怙:仰仗。恃:依靠。

⑰克媲父美也:能和父亲媲美。

⑱泣血:眼中哭出血来,指极其悲痛。稽颡:叩头。

⑲期年曰小祥:一周年祭祀称小祥。两期曰大祥:两周年祭祀称大祥。

⑳斩衰、齐衰、大功、小功:衰是古代丧服,用粗麻布制成。丧服有五种,即斩衰、齐衰、大功、小功、缌麻,按与死者的不同关系穿用,穿的时间也有长短,大功要穿九个月,小功要穿五个月,缌麻要穿三个月。斩衰,不缝边的丧服;齐衰,缝边的丧服。

㉑禫礼:指除去丧服的祭礼。

㉒杖期:祖父祖母死了,嫡孙要服一年丧,手中拿着丧杖,称为杖期。承重:长子死了,由嫡孙代替服丧,称为承重孙,即承担重任的意思。

㉓明器:给死者陪葬的器物。

㉔父之节在外,故杖取乎竹:父亲的气节在外,所以哀杖用竹子制作。

㉕扶绋：拉住绳子。绋，指引棺材入墓穴的绳子。輀：丧车。

㉖牛眠地：牛睡觉的地方，指风水好的地方。晋代陶侃的父亲死后，将下葬时，牛不见了，有老人说："牛睡在前面山间污泥中，如果将死者葬在那里，后代会出将军。"陶侃后来果然当了将军。马鬣封：指坟。孔子安葬母亲后，筑的坟像马脖上的鬣毛。

㉗铭旌：指灵柩前记载功劳的布。

㉘挽歌始于田横：汉代田横死后，他的门人唱悲歌哀悼他，后来演变成唱挽歌的仪式。傅奕：汉代人，死前自己给自己写好了墓志铭。

㉙寿藏：给活人修的墓。

㉚夜台：形容墓中昏暗如夜。圹：墓穴。

㉛瘗：埋。束刍：将青草放在灵前。

㉜饮杯棬而抱痛，母之口泽如存：用母亲用过的杯子而心中悲痛，母亲口中的气息像还存在一样。手泽：手中的气息。

㉝子羔、子夏：皆春秋时人，都为孔子弟子。

㉞门人因废《蓼莪》诗：晋代人王裒一读到怀念父母的《蓼莪》诗就悲痛欲绝，他的学生因此不再读这首诗。停桑柘社：魏朝王修的母亲在社日那天去世，次年社日，邻里因为王修极为悲痛，就停止了社日活动。

卷四

文事

原文

多才之士，才储八斗；博学之儒，学富五车[①]。三坟五典，乃三皇五帝之书；八索九丘，是八泽九州之志[②]。《书经》载上古唐虞三代之事，故曰《尚书》[③]；《易经》乃姬周文王周公所系，故曰《周易》。二戴曾删《礼记》，故曰《戴礼》；二毛曾注《诗经》，故曰《毛诗》[④]。孔子作《春秋》，因获麟而绝笔，故曰《麟经》[⑤]。荣于华衮，乃《春秋》一字之褒；严于斧钺，乃《春秋》一字之贬[⑥]。缣缃黄卷，总谓经书；雁帛鸾笺，通称简札[⑦]。锦心绣口，李太白之文章；铁画银钩，王羲之之字法。雕虫小技，自谦文学之卑；倚马可待，羡人作文之速[⑧]。称人近来进德，曰士别三日，当刮目相看；羡人学业精通，曰面壁九年，始有此神悟[⑨]。五凤楼手，称文字之精奇；七步奇才，羡天才之敏捷[⑩]。誉才高，曰今之班马；羡诗工，曰压倒元白[⑪]。汉晁错多智，景帝号为智囊；王仁裕多诗，时人谓之诗窖[⑫]。骚客即是诗人，誉髦乃称美士[⑬]。自古诗称李杜，至今字仰钟王[⑭]。白雪阳春，是难和难赓之韵；青钱万选[⑮]，乃屡试屡中之文。惊神泣鬼，皆言词赋之雄豪。

遏云绕梁⑯，原是歌音之嘹亮。涉猎不精，是多学之弊；咿唔占毕，皆读书之声。连篇累牍，总说多文；寸楮尺素，通称简札⑰。以物求文，谓之润笔之资；因文得钱，乃曰稽古之力⑱。文章全美，曰文不加点；文章奇异，曰机杼一家⑲。应试无文，谓之曳白；书成镌梓，谓之杀青⑳。袜线之才，自谦才短；记问之学，自愧学肤㉑。裁诗曰推敲，旷学曰作辍㉒。文章浮薄，何殊月露风云；典籍储藏，皆在兰台石室㉓。秦始皇无道，焚书坑儒；唐太宗好文，开科取士㉔。花样不同，乃谓文章之异；潦草塞责㉕，不求辞语之精。邪说曰异端，又曰左道；读书曰肄业，又曰藏修㉖。作文曰染翰操觚㉗，从师曰执经问难。求作文，曰乞挥如椽笔；羡高文，曰才是大方家㉘。竞尚佳章，曰洛阳纸贵；不嫌问难，曰明镜不疲㉙。称人书架曰邺架，称人嗜学曰书淫㉚。白居易生七月，便识"之、无"二字；唐李贺才七岁，作《高轩过》一篇。开卷有益，宋太宗之要语；不学无术，汉霍光之为人㉛。汉刘向校书于天禄，太乙燃藜；赵匡胤代位于后周，陶谷出诏㉜。江淹梦笔生花，文思大进；扬雄梦吐白凤，词赋愈奇㉝。李守素通姓氏之学，敬宗名为人物志；虞世南晰古今之理，太宗号为行秘书㉞。茹古含今㉟，皆言学博；咀英嚼华，总曰文新。文望尊隆，韩退之若泰山北斗；涵养纯粹，程明道如良玉精金㊱。李白才高，咳唾随风生珠玉；孙绰㊲词丽，诗赋掷地作金声。

注释

①八斗：指很有才华。晋代谢灵运曾说："天下才共一

石，曹子建（曹植）独得八斗，我得一斗，天下的人共得一斗。”五车：指要博学，必须读五车书。

②三坟五典：指上古时的书。八索九丘：上古时的地理书。

③《尚书》：原意为上古之书。

④二戴：指西汉戴德、戴圣叔侄，曾删定《礼记》。二毛：指毛亨、毛苌师徒，曾注释《诗经》。

⑤获麟：孔子所著的《春秋》，写到鲁哀公十四年捕获麒麟就不写了，因为孔子认为麒麟被捕获是世道衰落的象征。

⑥荣于华衮：本句的意思是，得到《春秋》一个字的表扬比得到华丽的衣服还要光荣；受到《春秋》的贬损比受斧钺之刑还要难受。

⑦缣缃：浅黄色的丝绢，用来书写。黄卷：指书籍。雁帛：汉朝曾假称从一只系有帛书的雁身上得到苏武的消息，借此向匈奴索回苏武。这里指帛书。鸾笺：印有鸾凤的信笺。

⑧雕虫：蛀木的虫。倚马可待：晋代袁宏靠在马上写檄文，很快写就。

⑨士别三日，当刮目相看：三国时鲁肃对吕蒙的赞语。面壁九年：禅祖达摩曾在嵩山少林寺面壁而坐九年，将法衣传给了慧可。

⑩五凤楼手：宋代韩洎文章写得好，自称为“五凤楼手”。七步奇才：指曹植。

⑪班马：指汉代班固和司马迁。元白：指唐代元稹和白居易。杨汝士与白居易、元稹参加宴会，即席作诗，大家推

认杨汝士的诗最好，杨汝士回去对人说："今日压倒元白了。"

⑫王仁裕：王代文学家，写诗万篇，时人称为诗窖子。

⑬誉髦：美好英俊的人。

⑭李杜：指李白、杜甫。钟王：指三国时书法家钟繇和晋代书法家王羲之。

⑮难赓：难以继续。青钱万选：唐代张鷟每次应试都名列前茅，人们称赞他的文章如青铜钱，万选万中，称他为"青钱学士"。

⑯遏云：指声音洪亮、高昂，阻止住行云。绕梁：相传古代有叫韩娥的女子以唱歌换得食物，她走以后，余音绕梁，三日不绝。

⑰牍：书写用的竹、木简。寸楮：一种短笺。尺素：书信。

⑱润笔：隋文帝命令李德林写诏书，恢复郑译的爵位，高颎戏称："笔干了"。郑译说："我未得一文钱，拿什么给你润笔？"稽古：苦读古典经书。

⑲文不加点：文章没有一点要修改。机杼一家：布局要成一体。机杼，原指织机。

⑳曳白：指交白卷。镌梓：刻印。杀青：古代是用竹简写字，竹简要先将竹烤出水分去掉青皮，称为杀青。

㉑袜线之才：形容多才多艺但不精通。学肤：学问肤浅。

㉒推敲：唐代诗人贾岛写"鸟宿池边树，僧敲月下门"时，想用"推"字，又觉得"敲"字好，边考虑边作推和敲的动作，不知不觉冲撞了韩愈的车驾，韩愈问明缘由后说"敲"字好。作辍：停止。

㉓兰台石室：汉代有兰台以藏书，有石室以藏高祖与功臣的誓言。

㉔开科：开办科举考试。

㉕塞责：指抵塞责任。

㉖左道：手足以右边为方便，故称不正当之术为左道。肄：学习。

㉗翰、觚：指笔和木简。

㉘如椽笔：指大手笔。大方家：有大道的人。

㉙洛阳纸贵：晋代文学家左思构思十年写出《三都赋》，豪富之家竞相买纸传抄，洛阳因此纸价上涨。明镜不疲：明镜不怕多照，指有学问的人不怕多请教。

㉚邺架：唐代李泌被封为邺侯，藏书很多，故后来称为书架为邺架。书淫：沉迷于书的人。

㉛开卷有益：打开书就有益处。不学无术：不学习、无专长。

㉜太乙燃藜：汉代刘向元宵节时一人在天禄阁校书，有一个黄衣老人进来吹燃拐杖头照明，自称是太乙星的精魂。陶谷出诏：宋太祖赵匡胤黄袍加身即皇帝位时，没有后周皇帝禅位诏书，翰林学士陶谷已写好诏书，这时就从袖中拿出。

㉝梦笔生花：南朝梁朝江淹梦见有人授给他五色笔，后来文辞更妙。梦吐白凤：汉代扬雄善于写文章，梦见自己吐出白凤。

㉞人物志：唐代李守素被许敬宗称为人物志。行秘书：唐太宗出行，有人请求带些书，唐太宗说：“虞世南就是行走

秘书监，不用带书。”

㉟茹：吃。指学习知识。

㊱韩退之：唐代文学家韩愈，字退之。程明道：宋代理学家程颢，人称为明道先生。

㊲孙绰：晋代人。范荣期称赞他写的《天台山赋》掷地会发出金石之声。

科第

原文

士人入学曰游泮，又曰采芹；士人登科曰释褐，又曰得隽[①]。宾兴即大比之年，贤书乃试录之号[②]。鹿鸣宴，款文榜之贤；鹰扬宴，待武科之士[③]。文章入式，有朱衣以点头；经术既明，取青紫如拾芥[④]。其家初中，谓之破天荒；士人超拔，谓之出头地[⑤]。中状元，曰独占鳌头；中解元，曰名魁虎榜[⑥]。琼林赐宴，宋太宗之伊始；临轩问策，宋神宗之开端[⑦]。同榜之人，皆是同年；取中之官，谓之座主[⑧]。应试见遗，谓之龙门点额；进士及第，谓之雁塔题名[⑨]。贺登科，曰荣膺鹗荐；入贡院，曰鏖战棘闱[⑩]。金殿唱名曰传胪，乡会放榜曰撤棘[⑪]。攀仙桂、步青云，皆言荣发；孙山外、红勒帛[12]，总是无名。英雄入吾彀，唐太宗喜得佳士；桃李属春官，刘禹锡贺得门生[13]。薪，采也，槱，积也，美文王作人之诗，故考士谓之薪槱之典；汇，类也，征，进也，是连类同进之象，故进贤谓之汇征之途。赚了英雄，慰人下第[14]；傍人门户，怜士无依。虽然有志者事竟成，伫看荣华之日；成丹者火候到，何惜烹炼之功。

注释

①游泮、采芹：《诗经》中有“思乐泮水，薄采其芹”的诗句。泮指学校。释褐：脱去粗毛布制的褐衣。得隽：考试中试、中选。

②宾兴：《周礼》中指选择贤能的人。贤书：登录贤才的书簿。

③鹿鸣：《诗经》中宴请宾客的篇名，后指皇帝招待录取者的宴会。鹰扬：《诗经》曾用“鹰扬”赞颂吕尚的气度，意为如鹰之飞扬。

④朱衣以点头：宋代欧阳修作贡举考官，阅卷时，觉得有红衣老人在旁边点头，文章就合格，于是写诗云：“文章自古无凭据，惟愿朱衣暗点头。”取青紫如拾芥：穿上青紫的官服就像拾取芥草一样容易。

⑤破天荒：指第一次中举。出头地：原是欧阳修赏识苏轼的才华时所说的话，意思是苏轼将要超过自己。

⑥独占鳌头：进士晋见皇帝，状元正好站在雕刻着巨鳌的地方。魁虎榜：唐代欧阳詹与韩愈同榜中进士，人称魁虎榜。

⑦琼林赐宴：从宋太宗开始在琼林苑宴请进士。临轩问策：皇帝亲自主持策问考试。

⑧同年：意为同年中进士之意。座主：进士对主考官的称呼。

⑨应试见遗：考试被遗漏，指没有考中。龙门点额：传说黄河上有龙头，鲤鱼跃过就成为龙，没有跃过就点额而回。雁塔题名：唐代中宗以后，对及第的人都在慈恩寺雁塔上题名。

⑩鹗荐：汉代孔融曾向皇帝推荐祢衡，称赞他为鹗鸟。棘闱：古代考试时，有时用棘木将考场围起，故称棘闱。

⑪传胪：皇帝在殿上圈点名次，宰相拆开读名字，由阁门、卫士依次传呼到殿外，称为传胪。撤棘：撤去围住考场的棘木。

⑫孙山外：唐代孙山参加考试，结果是最后一名。有人向他打听自己是否考中，孙山说："解名尽处是孙山，贤郎更在孙山外。"红勒帛：宋代刘几常说过头话，欧阳修十分厌恶，就用红笔横着抹掉，称此为红勒帛。

⑬彀：圈套。桃李属春官：唐代刘禹锡曾写"满城桃李属春官"的诗句庆贺礼部侍郎得到人才。

⑭赚了英雄，慰人下第：是安慰士人落第的话。唐代曾有人作诗："太宗皇帝真长策，赚得英雄尽白头。"

制　作

原文

上古结绳记事，苍颉[1]制字代绳。龙马负图，伏羲因画八卦；洛龟呈瑞，大禹因别九畴[2]。历日是神农所为，甲子乃大挠所作[3]。算数作于隶首，律吕造自伶伦[4]。甲胄舟车，系轩辕之创始；权量衡度，亦轩辕[5]之立规。伏羲氏造网罟，教佃渔以赡民用[6]；唐太宗造册籍，编里甲以税田粮。兴贸易，制耒耜，皆由炎帝[7]；造琴瑟，教嫁娶，乃是伏羲。冠冕衣裳，至黄帝而始备；桑麻蚕绩，自元妃[8]而始兴。神农尝百草，医药有方；后稷[9]播百谷，粒食攸赖。燧人氏钻木取火，烹饪初兴；有巢氏构木为巢[10]，宫室始创。夏禹欲通神祇，因铸镛钟于郊庙；汉明尊崇佛教，始立寺观于中朝[11]。周公作指南车，罗盘是其遗制；钱乐作浑天仪，历家始有所宗[12]。育王[13]得疾，因造无量宝塔；秦政防胡，特筑万里长城[14]。叔孙通制立朝仪，魏曹丕秩序官品[15]。周公独制礼乐，萧何造立律条[16]。尧帝作围棋，以教丹朱[17]；武王作象棋，以象战斗。文章取士，兴于赵宋[18]；应制以诗，起于李唐。梨园子弟[19]乃唐明皇作始；《资治通鉴》乃司马光所编。笔乃蒙恬所造，纸乃蔡伦所为。凡今人之利用，皆古圣之前民[20]。

注释

①苍颉：传说是黄帝的史官，创制了文字。

②龙马负图：传说龙马背着图在黄河中出现，背上有五十五个阴阳点，伏羲氏因此画出八卦。洛龟呈瑞：相传大禹治水时，有神龟背着文出现在洛河上。

③历日是神农所为：传说神农氏创制日历。甲子：指用十天干、十二地支记时的方法，传说是黄帝的大臣大挠创制。

④隶首：传说黄帝命令隶首创制算数，从此确定了度量衡等各种单位。伶伦：传说黄帝命令伶伦创制乐律。

⑤轩辕：指黄帝。

⑥罟：网。赡：满足。

⑦耒耜：农具。炎帝：中华民族的始祖之一。

⑧元妃：黄帝的妃子。

⑨后稷：周朝的始祖。

⑩燧人氏：传说中钻木取火的发明者。有巢氏：传说中的氏族领袖，曾经构木为巢。

⑪镛钟：大钟。立寺观于中朝：在中国设立寺庙。

⑫罗盘是其遗制：罗盘是由指南车演变来的。钱乐：南朝人，曾作浑天仪。在汉代，张衡已制作出浑天仪。

⑬育王：古印度国王阿育王，传说他因为得病，就搜罗了西域各塔的佛舍利，役使鬼神在一天一夜造出八万四千宝塔。

⑭秦政防胡，特筑万里长城：秦始皇为防备北方胡人入

侵而修筑了万里长城。

⑮叔孙通：汉代大臣。汉高祖刘邦建立汉朝后，群臣在朝廷上饮酒争功，没有规矩，后命令叔孙通制定朝廷礼仪。曹丕：魏武帝曹丕制定九品官人法，确定官阶官品。

⑯周公：周成王时，周公摄政，制定了礼乐。萧何：汉初大臣，曾受命制定法律。

⑰丹朱：尧的儿子，因为荒淫无度，尧制作围棋以陶冶他的性情。

⑱赵宋：宋朝皇帝姓赵，故称赵宋。宋代开始用策论文章选拔士人。唐代是用诗赋选拔人才。

⑲梨园子弟：唐明皇选乐工、宫女数百人，在梨园亲自教他们乐曲，故称梨园子弟。

⑳古圣之前民：古圣人开创民用之先。

技　艺

原文

医士业岐轩之术，称曰国手；地师习青乌之书[①]，号曰堪舆。卢医扁鹊，古之名医；郑虔崔白，古之名画[②]。晋郭璞得《青囊经》，故善卜筮地理；孙思邈得龙宫方，能医虎口龙鳞[③]。善卜者，是君平詹尹之流；善相者，即唐举子卿之

亚④。推命之人即星士,绘图之士曰丹青⑤。大风鉴⑥,相士之称;大工师,木匠之誉。若王良、若造父,皆善御之人;东方朔、淳于髡⑦,系滑稽之辈。称善卜卦者,曰今之鬼谷;称善记怪者,曰古之董狐⑧。称诹日⑨之人曰太史,称书算之人曰掌文。掷骰者,喝雉呼卢;善射者,穿杨贯虱⑩。樗蒲之戏,乃云双陆;橘中之乐,是说围棋⑪。陈平作傀儡,解汉高白登之围;孔明造木牛,辅刘备运粮之计⑫。公输子⑬削木鸢,飞天至三日而不下;张僧繇画壁龙,点睛则雷电而飞腾。然奇技似无益于人,而百艺则有济于用。

注释

①歧轩:岐指岐伯,即医生;轩指轩辕,即黄帝。黄帝曾向岐伯询问医术,而作《内经》。青乌之书:堪舆家的祖宗青乌子写有相地的书。

②卢医扁鹊:扁鹊,名秦越人,战国时名医,家在卢国,又称为卢医。郑虔、崔白:郑虔为唐代画家,崔白为北宋画家。

③《青囊经》:有关天文卜筮的书。孙思邈:唐代名医。传说虎曾请他拔去口中的金钗,龙曾请他点鳞医病。

④君平:西汉时人,以占卜为业。詹尹:战国时楚国的太卜官,曾为屈原占卜。唐举、子卿:春秋战国时人,都擅长相术。

⑤丹青:红色和青色,指绘画的人。

⑥大风鉴:本指凭风貌评人,后指相术。

⑦王良:战国时人,赵简子曾让王良驾车。造父:周穆王的车夫。东方朔:西汉大臣,言谈诙谐。淳于髡:战国时

人，滑稽善辩。

⑧鬼谷：鬼谷子，精通卜筮和兵法。董狐：春秋时史官。

⑨诹日：选择黄道吉日。

⑩雉、卢：红点、黑点。古代用五种木头做成骰子，称为枭、卢、雉、犊、塞。穿杨贯虱：贯穿杨树叶和虱子。楚国养由基能在百步外射中杨柳叶。《列子》载：纪昌向飞卫学射，飞卫说："视小如大，视微如著，而后告我。"纪昌用牦牛的尾毛挂着一个虱子放在窗上看，三年后，看见虱子像车轮那么大，就拉弓放箭，射中虱心。

⑪樗蒲、双陆：赌博游戏。橘中之乐：古代巴邛人家中有两个大橘子，剖开后，每个橘子中有两个老人在下围棋，谈笑自如。

⑫傀儡：木头人。陈平曾制作傀儡人帮助汉高祖刘邦解除了白登的围困。木牛：木制运粮机械。诸葛亮曾制作木牛流马运粮。

⑬公输子：鲁班。

讼狱

原文

世人惟不平则鸣，圣人以无讼为贵。上有恤刑之主，桁杨雨润；下无冤枉之民，肺石风清[①]。虽囹圄便是福堂[②]，而画地亦可为狱。与人构讼，曰鼠牙雀角之争；罪人诉冤，有抢地吁天之惨[③]。狴犴猛犬而能守，故狱门画狴犴之形；棘木外刺而里直，故听讼在棘木之下[④]。乡亭之系有岸，朝廷之系[⑤]有狱，谁敢作奸犯科；死者不可复生，刑者不可复续，上当原情定罪。囹圄是周狱，羑里是商牢。桎梏之设，乃拘罪人之具；缧绁之中，岂无贤者之冤[⑥]。两争不放，谓之鹬蚌相持；无辜牵连，谓之池鱼受害。请公入瓮，周兴自作其孽；下车泣罪，夏禹深痛其民[⑦]。好讼曰健讼，挂告曰株连。为人解讼，谓之释纷；被人栽冤，谓之嫁祸。徒配曰城旦，遣戍是问军[⑧]。三尺乃朝廷之法，三木是罪人之刑[⑨]。古之五刑，墨、劓、剕、宫、大辟；今之律例，笞、杖、死罪、徒、流[⑩]。上古时削木为吏，今日之淳风安在；唐太宗纵囚归狱，古人之诚信可嘉[⑪]。花落讼庭间，草生囹圄静，歌何易治民之简；吏从冰上立，人在镜中行，颂卢奂折狱之清[⑫]。可见治乱之药石，刑罚为重；兴平之粱肉[⑬]，德教为先。

注释

①桁杨雨润：比喻贤明君主慎于用刑而受刑者感恩向善，像细雨润物。桁杨，刑具。肺石：红色的石头，有冤的人可以站在上面诉说。

②囹圄便是福堂：监狱可以起到福堂的作用。囹圄，指监狱。

③鼠牙雀角:《诗经》中有“谁谓雀无角……谁谓鼠无牙……何以诉我讼”的诗句。抢地:以头碰地。

④狴犴:传说是一种善于守门的野兽。棘木之下:古代规定在棘木下听取诉讼。

⑤系:指拘押。

⑥桎梏:脚镣手铐。缧绁:拘捕犯人用的黑色绳子。

⑦请公入瓮:唐代周兴谋反,武则天命令来俊臣前去治罪,来俊臣不动声色地问周兴说:“犯人不供认,有什么办法?”周兴说:“将囚犯丢入在火上烤的大瓮中,什么事办不到?”来俊臣于是说:“有人指控你,请兄入瓮吧。”周兴慌忙叩头认罪。下车泣罪:大禹看见犯人,下车询问而泣说:“因为我的德行太薄,不能感化百姓啊。”

⑧城旦:一种强制筑城四年的劳役。问军:问罪从军。

⑨三尺:古代用三尺竹简书写的法律。三木:指枷、镣、钮三种刑具。

⑩墨、劓、剕、宫、大辟:面上刺字、割鼻、砍足、阉割、处死。笞、杖、死罪、徒、流:抽打、杖打、斩首或绞死、劳役、流放。

⑪削木为吏:削木头作为狱吏。纵囚归狱:唐太宗曾让死刑犯回家,让他们来年秋天再来接受死刑,结果犯人到期都回来了。

⑫何易:唐代时任益昌县令,治理有方,诉讼很少,百姓作歌云:“花落讼庭间,草行囹圄静。”卢奂:唐代时任南海太守,公正廉明,百姓赞道:“抱案吏从冰上立,讼冤人在镜中行。”

⑬药石、粱肉：汉代崔实曾说："刑罚可以作为治理乱世的药物，德教可以作为促进兴平的美味。"

释道鬼神

原文

如来释迦，即是牟尼，原系成佛之祖；老聃李耳，即是道君，乃为道教之宗[①]。鹫岭、祇园[②]，皆属佛国；交梨、火枣，尽是仙丹。沙门称释[③]，始于晋道安；中国有佛，始于汉明帝。篯铿即是彭祖，八百高年；许逊原宰旌阳，一家超举[④]。波罗犹云彼岸[⑤]，紫府即是仙宫。曰上方、曰梵刹[⑥]，总是佛场；曰真宇、曰蕊珠，皆称仙境。伊蒲馔可以斋僧，青精饭亦堪供佛[⑦]。香积厨[⑧]僧家所备，仙麟脯仙子所餐。佛图澄显神通，咒莲生钵；葛仙翁作戏术，吐饭成蜂[⑨]。达摩一苇渡江，栾巴噀酒灭火[⑩]。吴猛画江成路，麻姑掷米成珠[⑪]。飞锡挂锡，谓僧人之行止；导引胎息，谓道士之修持[⑫]。和尚拜礼曰和南，道士拜礼曰稽首[⑬]。曰圆寂、曰荼毗[⑭]，皆言和尚之死；曰羽化、曰尸解，悉言道士之亡。女道曰巫，男道曰觋，自古攸分[⑮]；男僧曰僧，女僧曰尼，从来有别。羽客黄冠，皆称道士；上人比丘[⑯]，并美僧人。檀越檀那[⑰]，僧家称施主；

烧丹炼汞，道士学神仙。和尚自谦，谓之空桑子；道士诵经，谓之步虚声[18]。菩者，普也，萨者，济也，尊称神祇，故有菩萨之誉；水行龙力大，陆行象力大，负荷佛法，故有龙象[19]之称。儒家谓之世，释家谓之劫，道家谓之尘[20]，俱谓俗缘之未脱；儒家曰精一，释家曰三昧，道家曰贞一，总言奥义之无穷。达摩死后，手携只履西归；王乔朝君，舄化双凫下降[21]。辟谷绝粒[22]，神仙能服气炼形；不灭不生，释氏惟明心见性。梁高僧谈经入妙，可使岩石点头，天花坠地；张虚靖炼丹既成[23]，能令龙虎并伏，鸡犬俱升。藏世界于一粟，佛法何其大；贮乾坤于一壶，道法何其玄[24]。妄诞之言，载鬼一车；高明之家，鬼瞰其室[25]。《无鬼论》[26]，作于晋之阮瞻；《搜神记》，撰于晋之干宝。颜子渊、卜子夏，死为地下修文郎；韩擒虎、寇莱公[27]，死作阴司阎罗王。至若土谷之神曰社稷，干旱之鬼曰旱魃。魑魅魍魉，山川之祟；神荼郁垒，啖鬼之神[28]。仕途偃蹇[29]，鬼神亦为之揶揄；心地光明，吉神自为之呵护。

注释

①如来：本觉为如，今觉为来。即乔达摩·悉达多，佛教创始人。李耳：即老子，道教的始祖。

②鹫岭：即灵鹫山，据说佛常住在那里。祇园：即祇陀太子园。孤独长者看中了这里，祇陀太子要求用金子布满园舍，结果孤独长者很快就办到了。

③沙门：指僧人。晋道安受戒后用释作姓，后来相沿袭。

④彭祖：姓篯名铿，商朝人，传说活了八百岁。许逊：晋

代人，传说全家四十二口人同时升天。

⑤波罗：即梵语的波罗蜜多，意思是登彼岸，即成佛以后的境地。

⑥上方：佛、神仙居住的地方。梵刹：梵是浮图，即佛塔刹，是挂经幡的柱子。

⑦伊蒲馔：用伊兰、菖蒲做的饭。青精饭：用南烛叶煎汁煮饭，使饭成绀青色。

⑧香积厨：众香国的香积如来，曾用钵盂盛饭给维摩居士派来的菩萨，故将僧人的厨房称为香积厨。

⑨佛图澄：天竺僧人，传说晋朝时来中国，曾用钵装水，念动咒语，使钵中生出莲花。葛仙翁：东晋葛玄号仙翁，传说能够念动咒语将口中喷出的饭变成蜜蜂。

⑩达摩：梁武帝时来到中国，传说曾用一根芦苇渡过了长江。栾巴：传说有法术，汉桓帝赐酒，栾巴不饮而向西南喷出，有人说他对皇帝不敬。栾巴说："成都有火灾，故喷酒灭火。"过了几天，成都果然报告发生火灾。噀：含在口中而喷出。

⑪吴猛：晋代人，传说曾用扇子在江上画出一条路，自己走过后路就消失了。麻姑：传说中的仙女，能撒米成珠。

⑫飞锡挂锡：据说僧人有锡杖，上面有环。行走的时候飞锡杖，坐的时候就挂着。胎息：能够不用口鼻呼吸，就像在胎中一样。

⑬稽首：头拜至地。

⑭圆寂：指功德圆满的和尚死了。荼毗：焚烧的意思。

⑮攸分：有分别。

⑯羽客、黄冠：南唐道士谭紫宵被唐王赐号“金门羽客”；唐代李淳风的父亲做道士，号“黄冠子”。上人、比丘：上人是称赞僧人内有德外有行，在人之上；比丘指僧人受全戒。

⑰檀越、檀那：梵语，指施主。

⑱空桑子：《列子》云：“有莘氏女采药，在空桑中得到一个婴儿，献给国君。”后来僧人以此自谦，取其没有父母的意思。步虚声：道士仿效空中传来的所谓神仙念经的声音，称为步虚声。

⑲龙象：指高僧。

⑳世、劫、尘：《楞严经》云：“三十年为一世，五百年为一劫，千年为一尘。”

㉑只履西归：达摩死后，葬在熊耳山，传说魏国宋云出使西域回来，遇到达摩提着一只鞋子，说是到西天去。王乔：汉代时曾任县令，传说能够把两只鞋子变成野鸭子。舄：古代一种有木底的鞋。

㉒辟谷绝粒：指炼道术到一定程度后可以不吃饭，靠吸取精气维持生命。

㉓岩石点头：传说梁朝的高僧道生法师能够对石头讲经，使石头点头。天花坠地：云光法师在天龙寺讲经时，天上降下宝花，缤纷而下。张虚靖：《列仙传》载，张虚靖炼丹升天后，鸡犬吃了剩下的药也升天了。

㉔藏世界于一粟：佛偈语中说：“一粒粟中藏世界。”贮乾坤于一壶：《列仙传》中载，壶公在长安卖药，挂着一个壶，

晚上就到壶中休息。费长房请求进去，入壶一看，里面楼台壮丽，非常惊奇。

㉕瞰：观看。《解嘲篇》中写道："高明之家，鬼瞰其室。"

㉖《无鬼论》：晋代阮瞻所作。据说后来有一鬼忽然到来与阮瞻论辩有鬼。

㉗颜子渊、卜子夏：即颜渊、卜商，孔子的学生。韩擒虎：隋代大将。寇莱公：即宋朝寇准。

㉘祟：鬼怪。啖：吃。

㉙仁途偃蹇：仕途不顺利。晋代罗友曾对桓温抱怨，在来的路上连鬼都揶揄，只是为别人做官送行，没有别人送他去做官。桓温于是推荐罗友做襄阳太守。

鸟兽

原文

麟为毛虫之长，虎乃兽中之王①。麟凤龟龙，谓之四灵；犬豕与鸡，谓之三物。騄駬、骅骝，良马之号；太牢、大武②，乃牛之称。羊曰柔毛，又曰长髯主簿；豕名刚鬣，又曰乌喙将军③。鹅名舒雁，鸭号家凫④。鸡有五德，故称之曰德禽；雁性随阳，因名之曰阳鸟⑤。家狸、乌圆，乃猫之誉；韩卢、楚犷，皆犬之名。麒麟驺虞[6]，皆好仁之兽；螟螣蟊贼，皆害苗之虫。无肠公子，螃蟹之名；绿衣使者[7]，鹦鹉之号。狐假虎威[8]，谓借势而为恶；养虎贻患，谓留祸之在身。犹豫多疑，喻人之不决；狼狈相倚，比人之颠连[9]。胜负未分，不知鹿死谁手；基业易主，正如燕入他家[10]。雁到南方，先至为主，后至为宾；雉名陈宝[11]，得雄则王，得雌则霸。刻鹄类鹜[12]，为学初成；画虎类犬，弄巧反拙。美恶不称，谓之狗尾续貂；贪图不足，谓之蛇欲吞象。祸去祸又至，曰前门拒虎，后门进狼；除凶不畏凶，曰不入虎穴，焉得虎子[13]。鄙众趋利，曰群蚁附膻；谦己爱儿，曰老牛舐犊[14]。无中生有，曰画蛇添足；进退两难，曰羝羊触藩[15]。杯中蛇影，自起猜疑；塞翁失马，难分祸福[16]。龙驹凤雏，晋闵鸿夸吴中陆士龙之异；伏龙凤雏，司马徽称孔明庞士元之奇[17]。吕后断戚夫人手足，号彐人彘；胡人腌契丹王尸骸，谓之帝羓[18]。人之狠恶，同于梼杌；人之凶暴，类于穷奇[19]。王猛见桓温，扪虱而谈当世之务；宁戚遇齐桓，扣角而取卿相之荣[20]。楚王轼怒蛙，以昆虫之敢死；丙吉问牛喘，恐阴阳之失时[21]。以十人而制千虎，比言事之难胜；走韩卢而搏蹇兔[22]，喻言敌之易摧。兄弟如鹡鸰[23]之相亲，夫妇如鸾凤之配偶。有势莫能为，曰虽鞭之长，不及马腹；制小不用大，曰割鸡之小，焉用牛刀。鸟食母者曰枭，兽食父者曰獍[24]。苛政猛于虎，壮士气如虹[25]。腰缠十万贯，骑鹤上扬州，谓仙人而兼富贵；盲人骑瞎马，夜半临深池，是险语之逼人闻[26]。黔驴之技，技止此耳；鼯鼠之技，技亦穷乎[27]。强兼并者曰鲸吞，为小贼者曰狗盗。养恶人如养虎，当饱其肉，不饱则噬；养恶人如养鹰，饥之则附，饱之则飏[28]。随珠弹雀，谓得少而失多；投鼠忌器[29]，恐因甲而害乙。事多曰猬[30]集，利小曰蝇头。心惑似狐疑，人喜如雀跃[31]。爱屋及乌，谓因此而惜彼；轻鸡爱鹜，谓舍此而图他[32]。唆恶为非，曰教猱升木；受恩不报，曰得鱼忘筌[33]。倚势害人，真是城狐社鼠；空存无用，何殊陶犬瓦鸡[34]。势弱难敌，谓之螳臂当辙；人生易死，乃曰蜉蝣在世[35]。小难制大，如越鸡难伏鹄卵；贱反轻贵，似莺鸠反笑大鹏[36]。小人不知君子之心，曰燕雀焉知鸿鹄志[37]；君子不受小人之侮，曰虎豹岂受犬羊欺。跖犬吠尧[38]，吠非其主；鸠居鹊巢，安享其成。缘木求鱼，极言难得；按图索骥，甚言失真[39]。恶人借势，曰如虎负嵎[40]；穷人无归，曰如鱼失水。九尾狐，讥陈彭年素性谄而又奸；独眼龙，夸李克用一目眇而有勇[41]。指鹿为马，秦赵高之欺主；叱石成羊，黄初平之得仙[42]。卞庄勇能擒两虎，高骈一矢贯双雕[43]。司马懿畏蜀如虎[44]，诸葛亮辅汉如龙。鹪鹩巢林，不过一枝；鼹鼠饮河，不过满腹[45]。人弃甚易，曰孤雏腐鼠；文名共仰，曰起凤腾蛟[46]。为公乎，为私乎，惠帝问虾蟆；欲左左，欲右右，汤德及禽兽[47]。鱼游于釜中，虽生不久；燕巢于幕上，栖身不安[48]。妄自称奇，谓之辽东豕；其见甚小，譬如井底蛙[49]。父恶子贤，谓是犁牛之子[50]；父谦子拙，谓是豚犬之儿。出人群而独异，如鹤立鸡群；非配偶以相从，如雉求牡匹[51]。天上石麟，夸小儿之迈众；人中骐骥，比君子之超凡[52]。怡堂燕雀，不知后灾；瓮里醯鸡，安有广见[53]。马牛襟裾，骂人不识礼义；沐猴而冠，笑人见不恢宏[54]。羊质虎皮，讥其有文无实；守株待兔，言其守拙无能[55]。恶人如虎生翼，势必择人而食[56]；志士如鹰在笼，自是凌霄有志。鲋鱼困涸辙，难待西江水，比人之甚窘；蛟龙得云雨，终非池中物，比人大有为[57]。执牛耳，谓人主盟；附骥尾，望人引带[58]。鸿雁哀鸣，比小民之失所；狡兔三窟，诮贪人之巧营[59]。风马牛，势不相及；常山蛇，首尾相应[60]。百足之虫，死而不僵，以其扶之者众；千岁之龟，死而留甲，因其卜之则灵[61]。大丈夫宁为鸡口，毋为牛后；士君子岂甘雌伏，定要雄飞[62]。毋偏促如辕下驹，毋委靡如牛马走[63]。猩猩能言，不离走兽；鹦鹉能言，不离飞鸟。人惟有礼，庶可免相鼠[64]之刺；若徒能言，夫何异禽兽之心。

注释

①麟：麒麟是传说中的动物，雄为麒，雌为麟。毛虫：长毛的动物。

②太牢、大武：祭祀时，对牛的称呼。

③髯：下巴上的须。鬣：脖子上的毛。

④凫：水鸟，形状像鸭。

⑤五德：《韩诗外传》上说，鸡头戴冠者文也，步子迈得大者武，敢斗者勇，看见食物相互呼叫为仁，守夜没有差失是信，有这五种品德却被宰杀。雁性随阳：雁是候鸟，喜欢温暖的地方。

⑥驺虞：传说中的动物，吃死动物，也不吃生草，故称它性仁。

⑦绿衣使者：唐明皇曾将报告杀人凶手的鹦鹉封为绿衣使者。

⑧狐假虎威：一只狐狸跟在虎的后面走，百兽都躲避，老虎不知道百兽是怕自己，而以为是怕狐狸。

⑨犹豫：犹是一种动物，性多疑，听到人的声音，就预先爬上树，很久才下来，过一会儿又上去，故称不决为犹豫。狼狈：据说狼前二足长，后二足短，狈前二足短，后二足长，互相依靠行动，如果二者离开就进退不便。

⑩燕入他家：唐代刘禹锡有诗："旧时王谢堂前燕，飞入寻常百姓家。"

⑪雉名陈宝：雉，野鸡。《列异传》记载：秦穆公时，陈仓人捉住一怪兽，有二童子在路边，怪兽说："那两个童子叫陈宝，得到雄的可以称王，得到雌的可以称霸。"二童子马上变成野鸡飞走了。

⑫刻鹄类鹜：雕刻天鹅不成，反像鸭子。

⑬虎子：指小老虎。

⑭膻：指膻腥的东西。老牛舐犊：指老牛对小牛犊的舐爱。杨彪的儿子杨修被曹操杀掉，杨彪十分悲伤，曹操见到他后问说："你为什么这么瘦？"杨彪回答："很惭愧没有先见之明，但我还是怀有老牛舐犊之情。"

⑮画蛇添足：有几人比赛谁先画好蛇就可以喝一卮酒，一人先画好，拿起酒说："还没有画足。"足还未画好，另一

人蛇已画成，夺过酒杯说："蛇无足，添足就不是蛇了。"羝羊触藩：公羊的头抵进篱笆上，进退不得。

⑯杯中蛇影：晋代乐广请人喝酒，因为蒙了蛇皮的弓的影子映在杯子里，客人以为是蛇，回家后吓出了病，后来乐广又请客人来喝酒，说明情况，客人的病才好。塞翁失马：《淮南子》载，塞上一老翁失去了马后说："怎么知道不是好事？"果然过几天马回来了，还带回一匹好马，老翁又说："怎么知道不是祸事？"结果他的儿子因为骑马摔断了胳膊，别人前来安慰，老翁又说："怎么知道不是好事？"后来出兵抽壮丁，而老翁的儿子因为胳膊受伤未被抽走，得以免死。

⑰龙驹凤雏：龙子凤子。晋朝陆云字士龙，与弟弟陆机都很有名，尚书闵鸿称赞他"此而若非龙驹，当是凤雏"。伏龙凤雏：司马徽向刘备推荐孔明、庞士元时，称赞他们是"伏龙凤雏"。

⑱人彘：彘，猪。汉高祖的皇后吕后，将曾受高祖宠爱的戚夫人砍去手足，弄瞎眼睛，弄聋耳朵，丢在厕所中，称为人彘。帝羓：羓，干肉。契丹王耶律德光南侵时病死，契丹人就把他的尸体用盐腌起来运回，称为帝羓。

⑲梼杌：《神异经》上记载的西方山中的野兽，大如老虎，扰乱山中。穷奇：《神异经》记载的有翼能飞，帮助凶恶之人的野兽。

⑳王猛：晋代人。宁戚：春秋时人，曾拍着牛角抒发心中不平，齐桓公听见后任命他为上卿。

㉑楚王轼怒蛙：楚王讨伐吴国时，为鼓励士卒不怕死，曾向车轼上发怒的青蛙敬礼。丙吉问牛喘：汉代宰相丙吉出巡时，遇到有人斗殴而死不加过问，遇到牛在喘息，却上前询问。有人说他本末倒置，丙吉说："现在天气还未大热，牛喘息，恐怕是阴阳失调，这就是我职务内的事，应当过问，打死人自然有京兆尹过问，不需要宰相来管。"

㉒走韩卢而搏蹇兔：放韩卢这样凶猛的狗去捉跛兔，比喻十分容易。

㉓鹡鸰：形容兄弟相亲。

㉔枭：一种凶猛的鸟，长大以后食母。獍：传说一种食父的兽。

㉕苛政猛于虎：孔子曾遇到一女人哭泣，让子路上去问是什么原因。妇人说："过去我的舅舅死于捕虎，我的丈夫和儿子又死于捕虎。"子路问："为什么不离开呢？"妇人说："这里没有苛政。"子路回来告诉了孔子，孔子说："你要记住，苛政猛于虎。"壮士气如虹：荆轲刺秦王时，有长虹穿过天空。

㉖险语：说话过头。

㉗黔驴之技：唐代柳宗元曾写过一篇故事，说老虎知道驴的手段只是会踢后，就把这头驴吃了。鼯鼠之技：据说鼯鼠有五种技艺但都不精通，能飞不能上屋，能爬但上不到树梢，能游但不能渡过山涧，能打洞但藏不住身子，能跑但超不过人。

㉘噬：指吃人。飏：飞走。

㉙随珠弹雀：用随侯之珠去打雀，比喻得不偿失。随珠，随侯救了一条大蛇，蛇就送来珍珠相报答。投鼠忌器：想打老鼠又担心损坏器皿。

㉚猬：刺猬，身上多刺。

㉛狐疑：狐狸生性多疑。雀跃：如雀跳跃，形容高兴。

㉜爱屋及乌：爱屋连同屋上的乌鸦也喜爱。轻鸡爱鹜：轻视鸡而爱野鸭。

㉝唆：教唆。猱：猴子。得鱼忘筌：得到鱼而忘记了捕鱼的筌。筌，捕鱼的竹器。

㉞城狐社鼠：挖狐洞恐毁坏城，熏鼠恐伤人，比喻不容易除掉的东西。陶犬瓦鸡：陶制的狗和瓦做的鸡。

㉟蜉蝣：一种水虫，早上生长晚上就死了。

㊱越鸡难伏鹄卵：《庄子》中说，越鸡难伏在天鹅卵上，鲁鸡却能做到，这是才能大小不同。鸴鸠、大鹏：《庄子》中说，北溟有鱼，化而为鹏，飞到九万里处，蝉和鸴鸠却笑话说："我们在树间飞行就够了，何必飞那么高。"

㊲鸿鹄：一种大鸟。

㊳跖犬吠尧：盗跖的狗向尧吠叫。

㊴缘木求鱼：爬到树上去找鱼。比喻方向或方法不对，劳而无功，达不到目的。按图索骥：齐景公好马，命令画工带着图出去寻访，找了一年也得不到，因为图像画得失真。

㊵负嵎：依靠有利地形。

㊶九尾狐：《山海经》中记载："青丘山有狐九尾。"宋代陈彭年奸险，被人称为九尾狐。独眼龙：唐代李克用一只眼

瞎但作战勇敢，被称为独眼龙。

㊷指鹿为马：秦国赵高想专权，怕大家不听从，就将鹿献给秦二世，说是马。秦二世说：“宰相错了，这不是马。”于是问左右大臣，凡有说是鹿的，赵高就暗中加害。叱石成羊：《神仙传》载，黄初平受一道士传授法术，能够将石头呵叱变成羊。

㊸卞庄：《史记》载，卞庄子去杀虎，有人献计说：“两虎正在吃牛，必定会争，争斗必然一死一伤，那时你再去将伤者杀死，就能得到两只老虎。”卞庄子按此计果然得到了两只虎。高骈：唐代人，曾一箭射中两只并飞的雕。

㊹畏蜀如虎：诸葛亮进攻魏国，司马懿不出战，诸葛亮派人送给他妇人用的头巾，司马懿仍然不出战。贾栩等问道：“公畏蜀如虎，不怕人笑话吗？”

㊺鹪鹩：一种小鸟。鼷鼠：俗称田鼠。

㊻孤雏腐鼠：孤独的雏鸟，腐烂的老鼠。起凤腾蛟：唐王勃《滕王阁序》中有：“腾蛟起凤，孟学士之词宗。”

㊼惠帝问虾蟆：晋惠帝听到虾蟆叫，就问：“这是为官呢，还是为私呢？”左右戏言说：“在官地中为官，在私地中为私。”汤德：见《器用》章。

㊽釜：锅。汉代张婴曾说：“我们就像游在釜中的鱼，虽然活着，也不会长久。”幕：帷幕。

㊾辽东豕：汉代渔阳太守彭宠认为光武帝有功不赏，心中不平，朱浮写信给他说：“辽东的猪都是黑的，有一家产下白头猪，觉得奇怪，就去献给朝廷，走到河东，看到那里的猪

都是白的，就惭愧的回去了。你的功劳，也像辽东猪一样。”井底蛙：《庄子》云：“井蛙不能语于海者，拘于虚也。”

㊿犁牛之子：犁牛是杂色牛。孔子曾对仲弓说：“犁牛之子很不错。”

51雉求牡匹：雉，野鸡。飞鸟的公母称为雄雌，走兽的公母称为牡牝。野鸡应该求其异性，却去找公兽，表明其淫乱。

52石麟：南唐徐陵年少时，僧人宝志摸着他的头说：“这是天上的石麟啊。”骐骥：良马。南朝徐勉有奇才，徐孝嗣称他为“人中骐骥”。

53怡堂燕雀：战国时孔斌曾向魏王进谏说：“燕雀在大堂上以为很安全，却不知道房子快烧起来了。”瓮里醯鸡：《庄子》载，孔子向老子请教说：“我的思想就像你瓮里的醯鸡，你不打开，我就不知道天下有多大。”醯鸡，指醋瓮中的小霉虫。

54马牛襟裾：马牛穿上衣服。襟裾，衣襟。韩愈曾做诗勉励儿子说：“人不通古今，马牛而襟裾。身行陷不义，况望多名誉。”沐猴而冠：猕猴戴上帽子。沐猴，猕猴。

55羊质虎皮：本质是羊却披着虎皮，比喻只是白白地有好的衣冠。守株待兔：《韩非子》上说，宋国有个农夫耕田时，田间有棵树，一只兔子急跑撞到树上而死，农夫于是不再耕田，等在树下，希望再次得到撞死的兔子，结果地荒了，受到大家的嘲笑。

56择人而食：《韩诗外传》上说：“无为虎傅翼，将飞入邑，择人而食。”

⑰鲋鱼困涸辙：鲋鱼困在干涸的车辙中。《庄子》上说，庄子向监河侯借粮，监河侯说：“等我去收回田地的租赋以后，都借给你。”庄子说：“我在来的路上碰到一条被困在干涸的车辙中的鲋鱼，鲋鱼说：‘请给一升水救我一命。’我说：‘好，我将去南方借来大江的水救你。’鲋鱼很生气的说：‘那就到干鱼店来找我好了。’”蛟龙得云雨，终非池中物：周瑜曾说刘备一定不会长久地被人所用，“恐蛟龙得云雨，终非池中物”。

⑱执牛耳：古代诸侯国之间盟誓时，要割下牛的耳朵，由主盟的人捧着，故称主盟者为执牛耳。附骥尾：指苍蝇附在马尾上，可以行千里。

⑲鸿雁哀鸣：《诗经》中有“鸿雁于飞，哀鸣嗷嗷”的诗句。狡兔三窟：狡猾的兔子有三个窝。

⑳风马牛：《左传》记载，齐国伐楚，楚国国君派人对齐国说：“你们住在北海，我住在南海，唯是风马牛不相及。”风，指雌雄之间的互相吸引。常山蛇：《孙子兵法》上说，常山蛇击其头则尾应，击其尾则首应，击其中则首尾俱应。

㉑百足之虫：指蜈蚣。僵：倒下。民间有谚语说：“百足之虫，死而不僵，是因为有众多的腿支持。”卜之则灵：古代占卜时烧烤龟甲，从裂纹来判断吉凶。

㉒宁为鸡口，毋为牛后：鸡口虽小，用来进食，牛后虽大，却是出粪的，所以说宁为鸡口，毋为牛后。雌伏雄飞：汉代赵温担任京兆郡丞，叹息说：“大丈夫应当雄飞，怎么能雌

伏。”于是弃官不干，后来终于担任了司徒。

㊸ 偪促如辕下驹：拘束得如同车辕下的马驹。驹，两岁的马。牛马走：指奔走的牛马。也常作自谦词。

㊹ 相鼠：《诗经》中有《相鼠》篇批评无礼的人。

花 木

原文

植物非一，故有万卉之名[1]；谷物甚多，故有百谷之号。如茨如粱，谓禾稼之蕃；惟夭惟乔[2]，谓草木之茂。莲乃花中君子，海棠花内神仙[3]。国色天香，乃牡丹之富贵；冰肌玉骨，乃梅萼之清奇[4]。兰为王者之香[5]，菊为隐逸之士。竹称君子，松号大夫[6]。萱草可忘忧，屈轶能指佞[7]。篔筜，竹之别号；木樨，桂之别名。明日黄花，过时之物；岁寒松柏[8]，有节之称。樗栎乃无用之散材，楩楠胜大用之良木[9]。玉版，笋之异号；蹲鸱，芋之别名[10]。瓜田李下，事避嫌疑；秋菊春桃，时来尚早[11]。南枝先，北枝后，庾岭之梅；朔而生，望而落，尧阶蓂荚[12]。苾萏背阴向阳，比僧人之有德；木槿朝开暮落，比荣华之不长[13]。芒刺在背，言恐惧不安；薰莸异气，犹贤否有别[14]。桃李不言，下自成蹊；道旁苦李，为人所卉[15]。老人娶少妇，曰枯杨生稊；国家进多贤，曰拔茅连茹[16]。蒲柳之姿[17]，未秋先槁；姜桂之性，愈老愈辛。王者之兵，势如破竹；七雄之国，地若瓜分[18]。苻坚望阵，疑草木皆是晋兵；索靖知亡，叹铜驼会在荆棘[19]。王祐知子必贵，手植三槐；窦钧五子齐荣，人称五桂[20]。鉏麑触槐，不忍贼民之主；越王尝蓼，必欲复吴之仇[21]。修母画荻以教子，谁不称贤；廉颇负荆以请罪，善能悔过[22]。弥子瑕常恃宠，将余桃以啖君；秦商鞅欲行令，使徙木以立信[23]。王戎卖李钻核，不胜鄙吝；成王剪桐封弟，因无戏言[24]。齐景公以二桃杀三士，杨再思谓莲花似六郎[25]。倒啖蔗，渐入佳境；蒸哀梨，大失本真[26]。煮豆燃萁[27]，比兄残弟；砍竹遮笋，弃旧怜新。元素致江陵之柑，吴刚伐月中之桂[28]。捐资济贫，当效尧夫之助麦[29]；以物申敬，聊效野人之献芹。冒雨剪韭，郭林宗款友情殷；踏雪寻梅[30]，孟浩然自娱兴雅。商太戊能修德，祥桑自死；寇莱公有深仁，枯竹复生[31]。王母蟠桃，三千年开花，三千年结子，故人借以祝寿诞；上古大椿，八千岁为春，八千岁为秋，故人托以比严君[32]。去稂莠[33]正以植嘉禾，沃枝叶不如培根本。世路之蓁芜当剔，人心之茅塞须开[34]。

注释

①卉：草的总称。

②如茨如梁：《诗经》中有“如茨如梁”的诗句称赞庄稼茂盛。茨，是盖屋的茅草，形容厚实；梁，车梁，形容粗壮。蕃：茂盛。惟夭惟乔：《尚书》中有“厥草惟夭，厥木惟乔”形

容草木茂盛。夭，是嫩而有生气；乔，高。

③莲：莲花。宋周敦颐在《爱莲说》中写道：“莲，花之君子者也。”海棠：贾耽《百花谱》中写道：“海棠为花中神仙。”

④国色天香：唐代李正封诗云：“国色朝酣酒，天香夜染衣。”梅萼：梅花的蓓蕾。

⑤兰为王者之香：兰花具有王者气质。孔子看见山谷中兰花很茂盛，曾感叹说：“兰当为王者香，今乃与众草为伍。”

⑥竹称君子：竹子挺拔，被称为君子。松号大夫：秦始皇登泰山曾在五大松下避雨，就封松树为五大夫。

⑦萱草：又名忘忧草。屈轶：黄帝时有一种屈轶草，奸佞的人来，草就指向他。

⑧黄花：菊花。岁寒松柏：《论语》载：“岁寒，然后知松柏之后凋也。”

⑨樗栎：《庄子》中说的一种没有用处的树。楩楠：据说是珍贵的木材。

⑩玉版：苏东坡参见玉版和尚时，曾戏称笋片为玉版。蹲鸱：芋的形状像鸱鸟蹲坐。

⑪瓜田李下：指在瓜田里不要提鞋子，李树下不要整理帽子。秋菊春桃：古诗有“桃花二月放，菊花九月开。一般根在土，各自等时来。”

⑫庾岭之梅：大庾岭的梅花，南边花已经落下，北边的才开。尧阶蓂荚：传说尧帝的阶下生着一种蓂荚，初一开花，十五花落，很有规律。

⑬苾茵：佛经中说的一种草，据说有五义——生不背日，

冬夏常青，体形柔软，香气远腾，引蔓旁布，是佛的徒弟，所以用来赞扬僧人。木槿：传说木槿花早晨开，晚上落。

⑭芒刺：芒，草尖；刺，荆棘。薰莸异气：薰是香草，莸是臭草，两者气味不同。

⑮桃李不言，下自成蹊：桃李不说话，树下自然形成小路。指人的品德好，自然就会吸引别人。道旁苦李：晋代王戎七岁时，与一群小孩在路边玩，路旁有李树结满李子，小孩们竞相去摘，只有王戎不动，有人问他为什么，王戎说："李树在路旁，而上面有那么多李子，那么一定是苦李。"

⑯稊：嫩芽。拔茅连茹：拔茅草时连根拔掉。

⑰蒲柳：水杨树，不到秋天就枯了。

⑱破竹：指像竹子被砍开，迎刃而分解。七雄：指战国七雄，秦、楚、燕、韩、齐、赵、魏。

⑲苻坚望阵：前秦苻坚被晋军打败，看见草木都以为是伏兵。索靖知亡：晋代索靖知道晋国将要灭亡，指着宫外的铜驼说："总有一天会在荆棘丛中看到你。"

⑳王佑：宋代人，知道子孙一定会显贵，就亲手在院中种植了代表三公的三棵槐树，后来他的儿子果然当了宰相。窦钧：五代人，生了五个儿子，都及第做官。

㉑鉏麑触槐：《左传》记载，晋灵公无道，派鉏麑去杀掉劝谏的赵宣子。赵宣子穿戴朝服很早就到了，坐在那里打瞌睡。鉏麑见了，说："杀了为民做主的人不忠，违背君王的命令不信，不如去死。"于是在槐树上撞死了。越王尝蓼：越王尝苦草。越王勾践被吴国打败后，就睡在柴草上，尝苦

草，以磨炼意志。

㉒修母画荻：宋代欧阳修的母亲教儿子读书，家贫无纸笔，就用芦苇在地上写字。荻，芦苇。廉颇负荆：赵国蔺相如地位在廉颇之上，廉颇很不服气就处处为难他，后来听说蔺相如以国家大计为重，不和他计较后，十分惭愧，就光着背，背着荆条，向蔺相如请罪。

㉓弥子瑕：卫灵公的宠臣，曾将自己吃过的甜桃子给卫灵公吃，卫灵公说："真是忠心啊，忘记了自己曾经吃过。"后来弥子瑕年老不再受宠了，卫灵公说："曾经将吃剩的桃子给我吃，没有比这更不敬的了。"商鞅：秦国相国，为树立法令的威信，曾在国都南门竖一根大木头，说："有能够搬到北门去的，赏五十金。"有一个人将木头搬过去了，他就毫不吝惜地给予了五十金。

㉔王戎：晋代人，很鄙吝，他家有好李子，拿到市场上去卖，怕别人得到好种子，就先将李核钻穿。成王：周成王，他与弟弟叔虞一起玩，曾经将桐树叶削成玉玺的形状，戏言说："我封你为诸侯。"叔虞就请求选择日期，成王说："我这是游戏之言罢了。"叔虞说："君子无戏言。"于是，周成王就封叔虞为唐侯。

㉕二桃杀三士：公孙捷、田开强、古冶子共同事奉齐景公，但三人皆勇猛无礼，齐景公为此很担忧。晏子献计说："请给他们两个桃子，由功劳大的吃。"公孙捷与田开强先表明自己的功劳，拿走了桃子。古冶子说："齐景公渡河，遇到危险，是我跳到河中，杀死了大龟，救了景公。如果论功，

我应该吃桃子。”齐景公命令公孙捷、田开强两个人把桃子给古冶子，他们两人惭愧地自杀了。古冶子说：“他们两个人死了，我独自活着，就是不仁。”也交还桃子而自杀了。莲花似六郎：唐朝张宗昌小名六郎，很受武则天宠爱。杨再思担任内史，极力巴结张宗昌，有人赞美张宗昌说：“六郎貌似莲花。”杨再思说：“不对，是莲花似六郎。”

㉖倒啖蔗：倒着吃干蔗。哀梨：一种味道很美的梨子。如果蒸哀梨就失去了原味。

㉗煮豆燃萁：锅中煮豆子，锅下烧豆梗。比喻兄弟相残。

㉘元素：董元素，唐朝人，会法术。一日夜间，唐宣宗曾要他弄来江南的柑橘，董元素放了一个盒子在御榻前，一会儿，有微风吹入，董元素打开盒子，里面装满了柑橘，皇帝尝了，觉得味道不错。吴刚：传说因为学仙有过错，被罚在月宫中砍桂树。

㉙尧夫：范尧夫，宋代范仲淹的儿子。曾去东吴取租得到麦子五百斛。船行到丹阳，遇到石曼卿，石曼卿说：“我有三件丧事要办，却无人可以商量。”范尧夫就将麦子给了石曼卿。回家后，范仲淹问道：“路上没有碰到熟人吗？”范尧夫讲了遇到石曼卿的情况，范仲淹说：“为什么不将麦子给他？”范尧夫回答说：“已经给了。”

㉚冒雨剪韭：汉代郭林宗自己种菜，友人范逵夜间来了，郭林宗冒雨割韭菜做饼招待朋友。踏雪寻梅：唐代孟浩然曾冒雪骑驴寻梅，说：“我的诗思正在风雪中的驴背上。”

㉛商太戊：商朝第九个王。太戊即位后，有祥桑树生长，

七天就合抱不过来。传说祥桑树是对施政者的警告，太戊于是实行德政，三天后祥桑树就死了。寇莱公：宋代寇准，被封为寇莱公。

㉜椿：详见《父子》章。严君：指父亲。

㉝稂莠：都是害苗之草。

㉞蓁芜：指荆棘。茅塞：像茅草一样塞住了。

名贤集

原文

但[1]行好事，莫问前程。

与人方便[2]，自己方便。

善与人交，久而敬之。

人贫志短，马瘦毛长。

人心似铁，官法如炉。

谏之双美，毁之两伤。

赞叹福生，作念[3]祸生。

积善之家[4]，必有余庆；

积恶之家，必有余殃。

休争闲气，日有平西。

来之不善，去之亦易。

人平不语，水平不流。

得荣思辱，处安思危。

羊羔虽美，众口难调。

事要三思，免劳后悔。

太子入学，庶民同例[5]；

官至一品，万法依条。

得之[6]有本，失之无本；

凡事从实，积福自厚；

无功受禄，寝食不安。

财高语壮，势大欺人。

言多语失，食多伤心[7]。

送朋友酒，日食三餐。

酒要少吃，事要多知。

相争告人，万种无益。

礼下于人，必有所求。

敏而好学[8]，不耻[9]下问。

居必择邻，交必良友。

顺天者存，逆天者亡。

人为财死，鸟为食亡。

得人一牛[10]，还人一马。

老实常在，脱空[11]常败。

三人同行[12]，必有我师。

人无远虑，必有近忧。

寸心不昧，万法皆明。

明中施舍，暗里填还。

人间私语[13]，天闻若雷。

暗室亏心，神目如电。

肚里跷蹊[14]，神道先知。

人离乡贱，物离乡贵。

杀人可恕，情理难容。

人欲可断[15]，天理可循[16]。

心要忠恕，意要诚实。

狎昵恶少，久必受累。

屈志老成，急可相依。

施惠无念，受恩莫忘。

勿营华屋，勿谋良田。

宗祖虽远，祭祀宜诚。

子孙虽愚，诗书宜读。

刻薄成家，理无久享。

黄金浮世在，白发故人稀。

多金非为贵，安乐值钱多。

休争三寸气，白了少年头。

百年随时过，万事转头空。

耕牛无宿草，仓鼠有余粮。

万事分[17]已定，浮生[18]空自忙。

结有德之朋，绝无义之友。

常怀克己心，法度要谨守。

君子坦荡荡，小人常戚戚[19]。

见事知长短，人面识高低。

心高遮甚事[20]，地高偃[21]水流。

水深流去慢，贵人语话迟。

道高龙虎伏，德重鬼神钦。

人高谈今古，物高价出头。

休倚时来势，提防时去年。

藤萝绕树生，树倒藤萝死。

官满[22]如花谢，势败奴欺主。

命强人欺鬼，运衰鬼欺人。

但得一步地，何须[23]不为人。

人无千日好，花无百日红。

人有十年壮，鬼神不敢傍[24]。

厨中有剩饭，路上有饥人。

饶人不是痴，过后得便宜。

量小非君子，无毒不丈夫。

路遥知马力，日久见人心。

长存君子道，须[25]有称心时。

雁飞不到处，人被利名牵。

地有三江水，人无四海心。

有钱便使用，死后一场空。

为仁不富矣[26]，为富不仁矣。

君子喻于义[27]，小人喻于利。

贫而无怨难，富而无骄易。

百年还在命，半点不由人。

在家敬父母，何须远烧香。

家和贫也好，不义富何如[28]。

晴干开水道，须防暴雨时。

寒门生贵子，白屋出公卿[29]。

将相本无种[30]，男儿当自强。

欲要夫子行[31]，无可一日清[32]。

三千徒众立，七十二贤人。

成人不自在[33]，自在不成人。

国正天心顺，官清民自安。

妻贤夫祸少，子孝父心宽。

白云[34]朝朝过，青天[35]日日闲。

自家无运至，却怨世界难。

有钱能解语[36]，无钱语不听。

时间风火性[37]，烧了岁寒衣[38]。

人生不满百，常怀千岁忧。

来说是非者，便是是非人。

积善有善报[39]，积恶有恶报。

报应有早晚，祸福自不错。

花有重开日，人无常少年。

人无害虎心[40]，虎有伤人意。

上山擒虎易，开口告人难。

忠臣不怕死，怕死不忠臣。

从前多少事，过去一场空。

满怀心腹事，尽在不言中。

既在矮檐下，怎敢不低头。

家贫知孝子，国乱识忠臣。

凡是登途者，都是福薄人。

命贫君子拙[41]，时来小人强。

命好心也好，富贵直到老。

命好心不好，中途夭折[42]了。

心命都不好，贫苦直到老。

年老心未老，人穷志不穷。

自古皆有死，民无信不立。

长将好事于人，祸不侵身害己。

既读孔圣之书[43]，必达周公之礼[44]。

君子敬而无失，与人恭而有礼。

事君数斯辱矣，朋友数斯疏矣[45]。

人无酬天之力，天有养人之心。

一马不备双鞍[46]，忠臣不事二主。

长想有力之奴，不念无为之子。

人有旦夕祸福，天有昼夜阴晴。

君子当权积福，小人仗势欺人。

人将礼乐为先，树将枝叶为圆。

马有垂缰之义[47]，狗有湿草之恩[48]。

运去黄金失色，时来铁也争光。

怕人知道休做，要人敬重勤学。

泰山不却[49]微尘，积小垒成高大。

人道谁无烦恼，风来浪也白头。

贫居闹市无人问，富在深山有远亲。

人情好似初相见，到老终无怨恨心。

白马红缨彩色新，不是亲者强来亲；

一朝马死黄金尽，亲者如同陌路人。

青草发时便盖地，运通何须觅故人。

但能依理求生计，一字黄金不见人[50]。

才为人交辨人心，高山流水[51]向古今。

莫做亏心侥幸事，自然灾害不来侵。

人着[52]人死天不肯，天着人死有何难。

我见几家贫了富，几家富了又还贫。

三寸气在千般用，一旦无常万事休。

人见利而不见害，鱼见食而不见钩。

是非只为多开口，烦恼皆因强出头。

平生正直无私曲，问甚天公饶不饶。

猛虎不在当道[53]卧，困龙也有升天时。

临崖勒马收缰晚[54]，船到江心补漏迟。

家业有时为来往，还钱常记借钱时。

金风未动蝉先觉，暗算无常死不知。

青山只会明今古，绿水何曾洗是非。

常将有日思无日，莫待无时思有时。

善恶到头终有报[55]，只争来早与来迟。

蒿里隐着灵芝草，淤泥隐着紫金盆。

劝君莫作亏心事，古往今来放过谁。

山寺日高僧未起，算来名利不如闲。

欺心莫过三江水[56]，人与世情朝朝随。

人生稀有七十余，多少风光不同居。

长江一去无回浪，人老何曾再少年。

大道劝人三件事，戒酒除花[57]莫赌钱。

言多语失皆因酒，义断亲疏只为钱。

有事但近君子说，是非休听小人言。

妻贤何愁家不富，子孝何须父向前。

心好家门生贵子，命好何须靠祖田。

侵人田土骗人钱，荣华富贵不多年。

莫道眼前无报应，分明折[58]在子孙边。

酒逢知己千杯少，话不投机半句多。

衣服破时宾客少，识人多处是非多。

草怕严霜霜怕日，恶人自有恶人磨[59]。

月过十五光明少，人到中年万事和。

良言一句三冬暖，恶语伤人六月寒。

雨里深山雪里烟，看时容易做时难。

无名草木年年发，不信男儿一世穷。

若不与人行方便，念尽弥陀总是空。

少年休笑白头翁，花开能有几时红。

越奸越狡越贫穷，奸狡原来天不容。

富贵若从奸狡得，世间呆汉吸西风。

忠臣不事二君王，烈女不嫁二夫郎。

小人狡猾心肠歹，君子公平托上苍。

一字千金[60]价不多，会文会算有谁过[61]。

小身会文国家用，大汉空伥[62]作甚么。

乖汉瞒痴汉[63]，痴汉总不知；

乖汉做驴子，却被痴汉骑。

注释

①但：只要。

②与人方便：《事林广记》："千经万曲孝义为先，天上人间方便第一。"

③作念：对人有坏的念头。

④积善之家：《易经》："积善之家，必有余庆；积不善之家，必有余殃。"

⑤例：规则。

⑥之：代指圣贤之道。

⑦心：此指身体。

⑧敏而好学：《论语·公冶长》："子贡问曰：'孔文子何以谓之"文"也？'子曰：'敏而好学，不耻下问，是以谓之"文"也。'"敏，聪慧勤勉。

⑨耻：意动用，以为耻。

⑩得人一牛：唐《太公家教》："得人一牛，还人一马，往而不来，非成礼也。"

⑪脱空：说空话。

⑫三人同行：《论语·述而》："子曰：'三人行，必有我师

焉。择其善者而从之，其不善者而改之。'"

⑬人间私语：《事林广记》："人间私语，天闻如雷；暗室欺心，神目如电；人心生一念，天地悉皆知。"

⑭跷蹊：可疑，奇怪。

⑮人欲可断：欲，欲望，此指不合礼义的想法和要求；断，消除；《朱子语类·卷七十八》："只是人之一心，合道理底是天理，徇情欲底是人欲。"朱熹因此提出："存天理，灭人欲。"

⑯循：遵守，依照。

⑰分：指命运。

⑱浮生：《庄子·刻意》："其生若浮，其死若休。"庄子认为人生在世，虚浮无定。后世称人生为浮生。

⑲戚戚：忧虑恐惧。

⑳心高遮甚事：心高远之人能对付什么事？遮，遏止，对付。

㉑偃：阻止。

㉒官满：当官期满。

㉓何须：何必，为什么。

㉔傍：接近。

㉕须：必将，总会。

㉖为仁不富矣：《孟子·滕文公上》："阳虎曰：'为富不仁矣，为仁不富矣。'"为，追求。

㉗君子喻于义：《论语·里仁》："君子喻于义，小人喻于利。"喻，明白，知道。

㉘不义富何如：《论语·述而》："不义而富且贵，于我如浮云。"不义，指不正当的事。

㉙白屋出公聊:《汉书·主父偃传》:“士或起白屋而致三公。”白屋,穷苦人住的茅草屋。

㉚将相本无种:《史记·陈涉世家》:“王侯将相,宁有种乎?”本无种,指不是天生的。

㉛欲要夫子行:若想成为孔夫子那样的人。夫子,此指孔子。

㉜清:此为放松之意。

㉝成人不自在:要成为圣贤之人就不能轻闲舒适。

㉞白云:古人常以“浮云”、“白云”比喻小人。汉朝陆贾《新语·慎微篇》:“邪恶之蔽犹浮云之障明也。”此指小人的言语。

㉟青天:比喻贤人。

㊱有钱能解语:有财势之人不必说话,别人就会照其眼色行事。

㊲时间风火性:比喻一年又将过去。风火性,性子如风火,比喻过得飞快。

㊳岁寒衣:冬日御寒之衣,古时有在冬天到来时为死人烧寒衣的习俗。

㊴积善有善报:《事林广记》:“善有善报,恶有恶报。”汉朝刘向《说苑·贵德》:“夫有阴德者必有阳报,有隐行者必有昭名。”报,报应。

㊵人无害虎心:《晋书·郭文传》:“有猛兽张口向文,文视其口有横骨,乃以手探去之。温峤问曰:‘猛兽害人,人之所畏,而先生独不畏耶?’文曰:‘人无害兽之心,则兽不伤人。’”这句由此演化而来。

㊶拙:笨,粗劣。比喻无所作为。

㊷夭折:《荀子·荣辱》:“乐易者常寿长,忧险者常夭折。”短命早死之意。

㊸既读孔圣之书:《元曲选》中有“既读孔圣书,必达周公礼”之句。

㊹必达周公之礼:达,通达。周公之礼,即周礼。

㊺事君数斯辱矣,朋友数斯疏矣:《论语·里仁》:“子游曰:‘事君数,斯辱矣;朋友数,斯疏矣。’”事,事奉。数,屡次。斯,则,就。疏,疏远。这两句意为:事奉君主而进谏过多,就会遭来耻辱;对待朋友劝告过多,就会造成疏远。

㊻一马不备双鞍:《元史·烈女传》:“汴梁孟志刚妻衣氏为夫治棺,给(带,意为哄骗)匠曰:‘可宽大,吾夫有遗书,欲尽置其中。’匠者然之。及成,氏语同居王媪曰:‘吾闻一马不备两鞍,吾夫既死,与之同棺共穴可也。’遂自刭。”

㊼马有垂缰之义:南朝刘敬叔《异苑》:“苻坚为慕容冲所袭,坚驰蜗(指身黄嘴黑的马)马堕而落涧,追兵几及,计无由出。马即踟蹰临涧,垂鞍与坚,坚不能及,马又跪而授焉,坚援之得登岸而走庐江。”

㊽狗有湿草之恩:宋《太平广记》:“唐太和中,广陵人杨生者蓄一犬,怜惜甚全,常以自随。后生饮醉,卧于荒草之中,时方冬,燎原风势极盛,犬乃周匝嗥吠,生都不觉,犬乃就水自濡,还即卧于草上,如此数次,于四周匝踡步,草皆沾湿,火至免灾。”

㊾却:推辞,拒绝。

㊿一字黄金不见人:一字值千金,不用写信求助于人。

51高山流水:《列子》:“伯牙鼓琴,志在高山。钟子期曰:‘善哉,峨峨兮若泰山。’志在流水。钟子期曰:‘善哉,洋洋兮若江河。'”后人以“高山流水”比喻知音。

㊷着：使，让。

㊸当道：此指道路中央。

㊹临崖勒马收缰晚：元郑德辉《钟离春智勇定齐三》：“呀！你如今船到江心补漏迟，抵多少临崖勒马才收骑，尚兀自追赶着争持！”

㊺善恶到头终有报：《萤云丛说》：“善恶若无报，乾坤必有私。善恶到头终有报，只争来早与来迟。此古诗也。一是反说，一是正说。”

㊻欺心莫过三江水：江河之水不辨是非而日夜奔流，古曰欺心。三江水，此泛指江河之水。

㊼除花：不要嫖娼。除，去掉；花，旧指娼妓或妓馆。

㊽折：抵换。

㊾磨：折磨，对付。

㊿一字千金：《史记·吕不韦传》：秦相吕不韦使门客著《吕氏春秋》，书成，公布于咸阳城门，声言有能增删一字者，赏予千金。南朝钟嵘《诗品》：“陆机所拟十四首，文温以丽，意悲而远，惊心动魄，可谓几乎一字千金。”后人用来称誉诗文价值很高。

61 过：超越。

62 伥：迷茫，不知所措。

63 乖汉瞒痴汉：孤本元明杂剧阙名《观音菩萨鱼篮记三》：“寒山云：‘张无量，你道你做的事瞒昧过人，岂不闻好汉瞒痴汉，痴汉总不知，奸汉变驴子，可与痴汉骑。尽日往东行，回头便是西，冤冤来相报，件件失便宜。'”